Le point de croix
au fil des saisons

DU MÊME AUTEUR :

Jours sur toile, « Art d'intérieurs », *1999*
Ouvrages pour bébé, « Art d'intérieurs », *2000*
Rêves de fées, « Art d'intérieurs », *2002*

Responsable éditoriale : Suyapa Audigier
Conception graphique : Guylaine & Christophe Moi
Grilles, schémas et gabarits : Sandrine Sitaud

Photogravure : Quat' Coul, Toulouse
Imprimé et relié en France par Pollina, Luçon
n° L 87236

ISBN : 2-263-03110-3
Code éditeur : S03110
Achevé d'imprimer en juillet 2002 (2e tirage)
Dépôt légal : mai 2001 (pour le 1er tirage)
1re éditon

Sandrine Sitaud

Le point de croix
au fil des saisons

Photographies
Florent de la Tullaye

Stylisme
Dominique Turbé

SOLAR

Collection « ARTS D'INTÉRIEURS »

Sommaire

Le printemps

page 7

L'été

page 27

L'automne

page 47

L'hiver

page 67

Ce livre célèbre le plaisir de broder. Pour se détendre ou créer un bel ouvrage, à disposer chez soi ou à offrir, rien de tel que quelques points de broderie… C'est le raffinement qui naît sur une étoffe et l'anime aussitôt d'une nouvelle vie.

La technique du point de croix est une approche idéale de l'art de broder. Également appelée « broderie à points comptés », elle s'accompagne d'un comptage des points mais n'a rien de très difficile. Quelques heures de pratique suffisent pour en acquérir les bases. Ensuite, chaque brodeuse pourra parfaire ses points en s'exerçant sur des toiles différentes.

La nature est une source d'inspiration infinie. À son image, les broderies de ce livre défilent au gré des saisons. Fleurs, fruits, feuillages, insectes, petits animaux... font partie de ses richesses. Les motifs sont retranscrits sur des grilles, puis brodés et montés sur des supports prêts-à-broder ou faciles à réaliser soi-même, donnant ainsi des idées de créations variées.

Je vous souhaite plein de petites croix de bonheur !

Sandrine Sitaud

Le printemps

page 8

À mesure qu'avance la saison,
la végétation renaît
et le paysage retrouve
ses couleurs tant attendues.

page 12

page 16

page 20

page 24

Les petites feuilles

Broderie

La serviette
271 pts de large × 55 de haut, soit 47,4 × 8,5 cm

Le gant
181 pts de large × 19 de haut, soit 30 × 3 cm

Fournitures

Serviette de toilette DMC, coloris blanc, avec bande à broder en toile Aïda 6 pts/cm

Gant de toilette DMC, coloris blanc, avec partie à broder en toile Aïda 6 pts/cm

Mouliné Spécial DMC Art. 117, 2 échevettes coloris vert 3817

20 cm de tissu de coton blanc, en 1 m de large

Fil à coudre DMC tous textiles, 100 % polyester, coloris blanc

Ces feuilles stylisées ont été brodées en toute simplicité sur une serviette de toilette, dans un ton vert amande... Avec son gant coordonné, c'est une belle idée de cadeau.

Réalisation

Repérer le centre du diagramme et celui de la partie à broder sur la serviette. Procéder de même pour le gant.

Commencer la broderie par les feuilles, en arrêtant le fil derrière chacune sur l'envers de la toile. Broder le semis de pois horizontalement, en effectuant un point lancé sur l'envers pour aller d'un point à un autre.

Pour doubler l'envers de la broderie, couper dans le tissu de coton une bande de 12,5 × 49,5 cm. Marquer au fer un rentré de 1 cm tout autour. Placer et épingler sur l'envers de la broderie, puis coudre à la main ou piquer soigneusement à la machine.

Variante

Cette broderie peut être déclinée dans plusieurs coloris ; elle sera très jolie en bleu et blanc, par exemple.

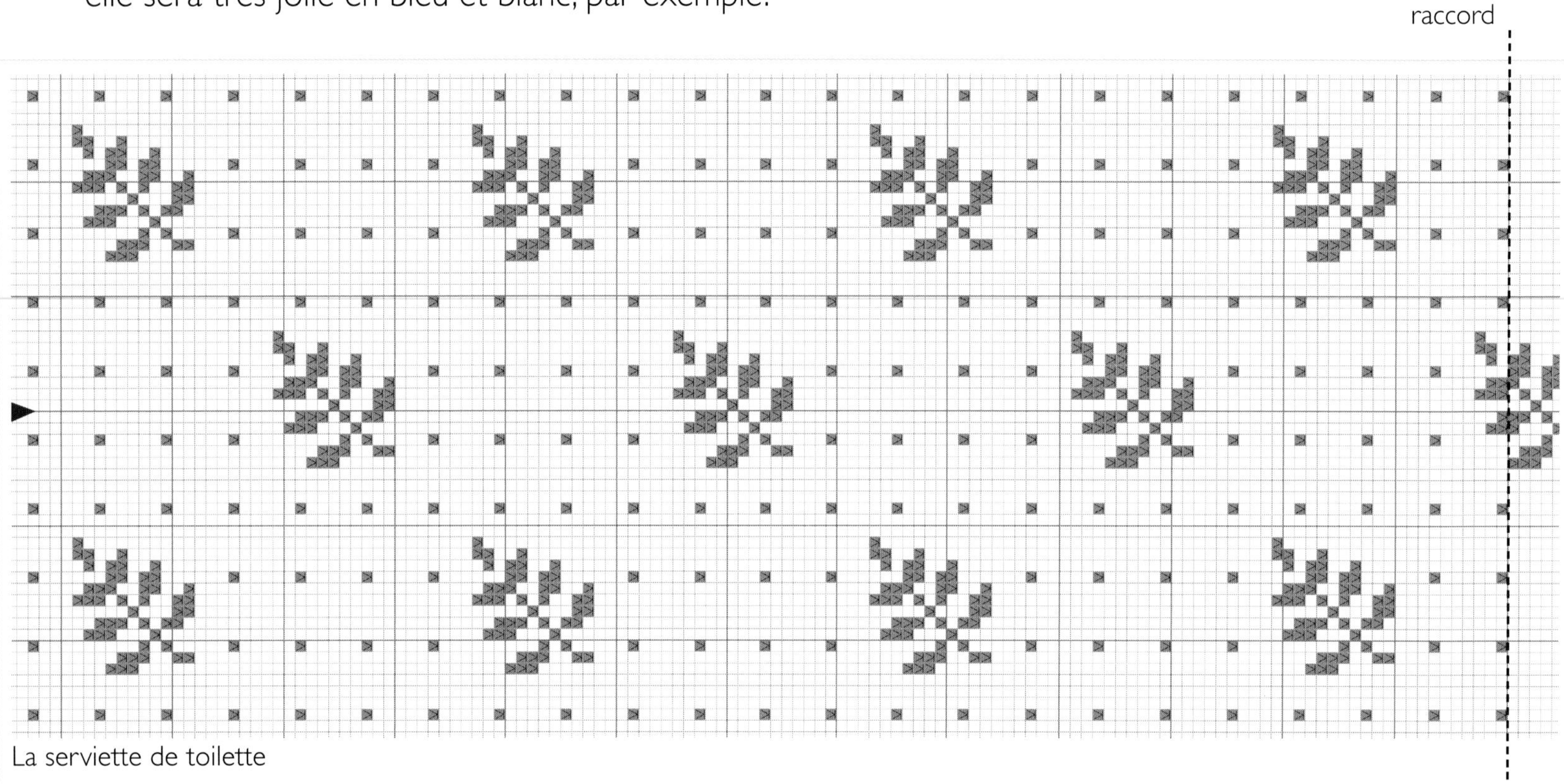

La serviette de toilette

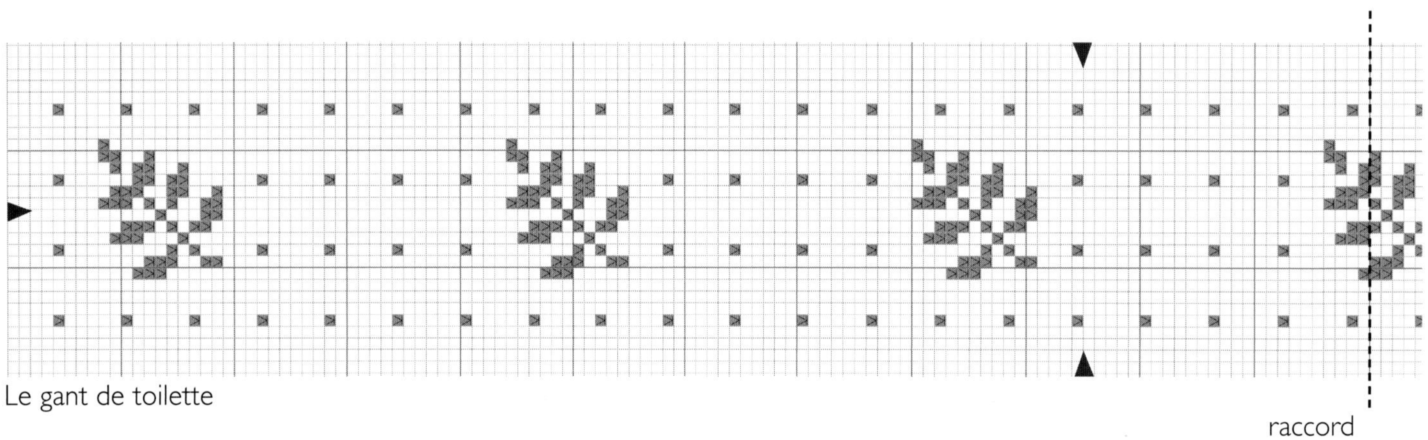

Le gant de toilette

raccord

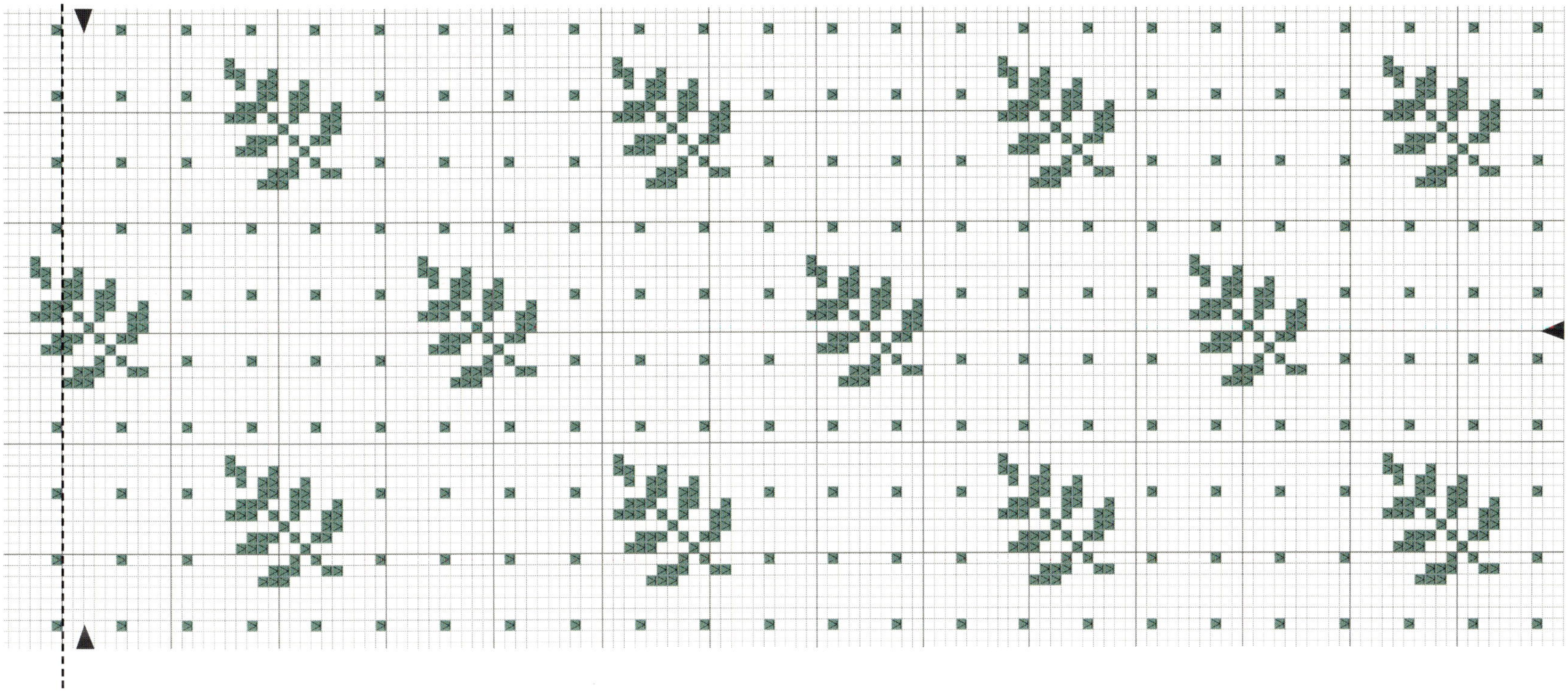

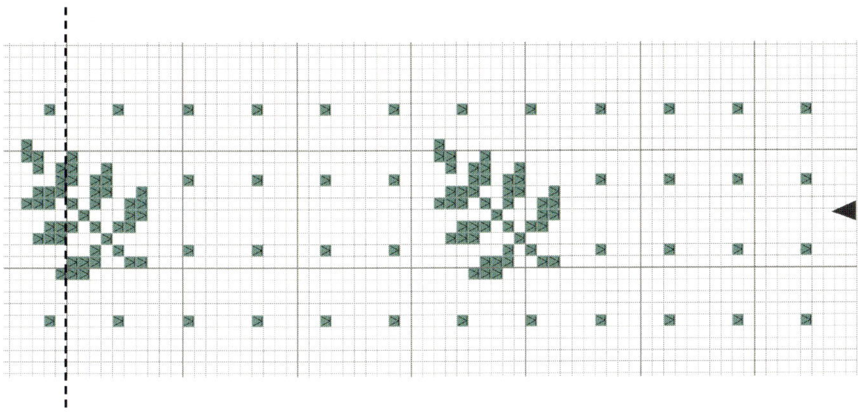

raccord

Mouliné Spécial DMC Art. 117

vert 3817

Les roses et les myosotis

Broderie

Les chaussons
38 pts de large x 31 de haut,
soit 6,4 x 6 cm

Fournitures

Chaussons de bébé DMC,
coloris blanc, avec dessus à broder en toile Aïda 5,5 pts/cm (fournis avec les rubans en vichy rose ou vichy bleu)

Mouliné Spécial DMC Art 117,
1 échevette de chaque coloris : vert 368, rose foncé 3350, rose pâle 3354

Ces chaussons tendrement rehaussés de boutons de rose – pour une petite fille – peuvent également être brodés avec le motif myosotis qui décore le col du doudou de Bébé. Un ensemble charmant, à offrir à l'occasion d'une naissance.

Réalisation

Le dessin du diagramme a été adapté à la forme du dessus des chaussons.

Commencer la broderie par une petite fleur du bord, puis broder les fleurs suivantes en comptant les points qui les séparent sur la grille (voir page 14).
Broder les fleurs une à une, en prenant soin d'arrêter le fil derrière chacune.

Broder les tiges des fleurs au point lancé, avec 2 brins de Mouliné Spécial coloris vert 368.

Exécuter chaque point lancé sur un point et demi de la toile, de façon que la tige de chaque fleur ne soit ni trop longue ni trop courte.

Mouliné Spécial DMC Art. 117

- vert 368
- rose foncé 3350
- rose pâle 3354
- vert 368
- contour de la partie à broder

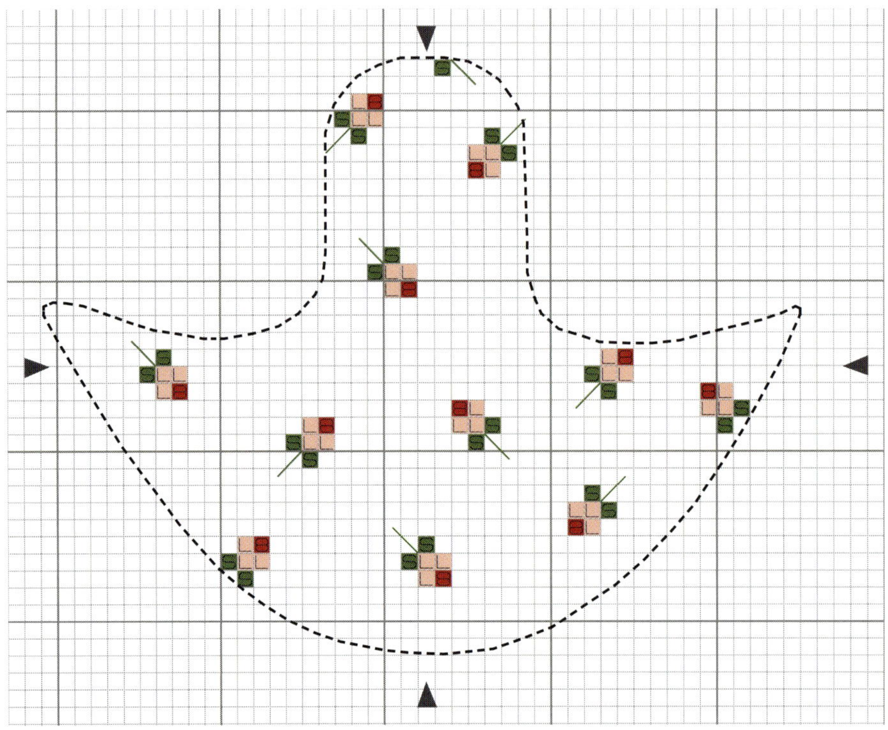

Broderie

L'ourson
40 pts de large x 29 de haut,
soit 5,6 x 4,1 cm

Fournitures

Ourson à broder DMC,
avec col-bavoir à broder
en toile Aïda 7 pts/cm

Mouliné Spécial DMC Art. 117,
1 échevette de chaque coloris :
jaune 745, bleu ciel 809,
rose pâle 3354, bleu 3838

Réalisation

Après avoir repéré le centre de la toile et celui du diagramme, réaliser la broderie en prenant soin d'arrêter le fil sur l'envers de chaque motif.

Il est possible d'inverser les modèles, en brodant les boutons de rose sur l'ourson et quelques fleurs de myosotis sur les chaussons. Mais la taille des motifs sera différente puisque les toiles ne sont pas identiques : les fleurs bleues seront donc plus grosses sur les chaussons et les boutons de rose, quant à eux, seront plus petits sur le col de l'ourson.

Mouliné Spécial DMC Art. 117

- jaune 745
- bleu ciel 809
- rose pâle 3354
- bleu 3838

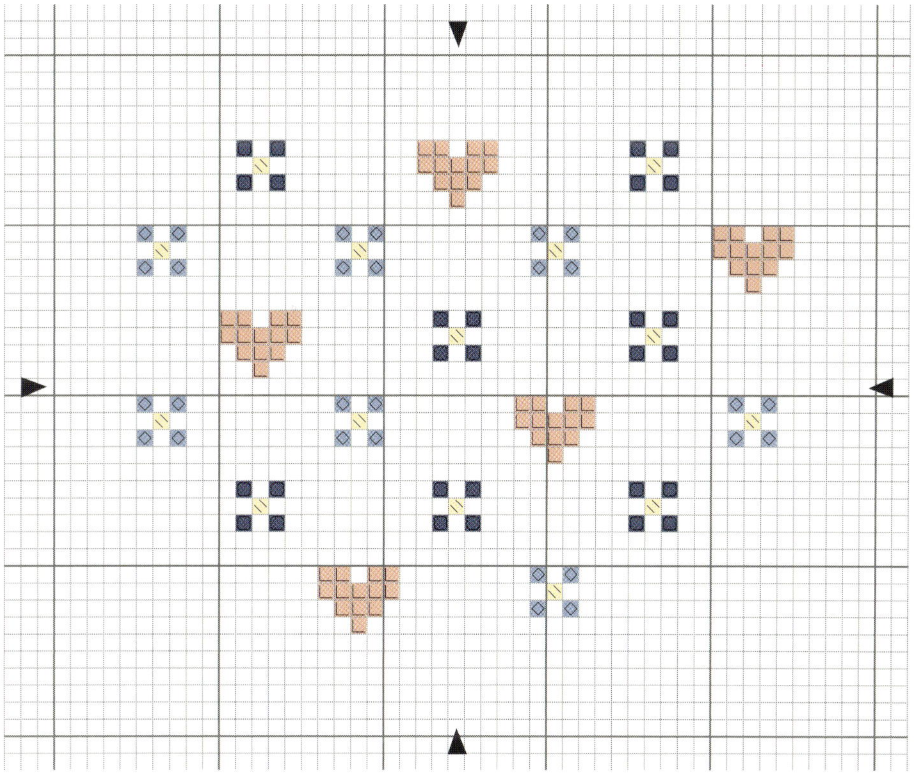

L'oiseau enchanteur

Broderie

84 pts de large × 83 de haut,
soit 15,2 × 15,1 cm

Ouvrage

20 cm de largeur × 26 cm
de hauteur

Fournitures

Bourse en toile de lin verte
11 fils/cm (soit 5,5 pts/cm)

Mouliné Spécial DMC Art. 117,
1 échevette coloris Écru

Avec l'arrivée des beaux jours, les oiseaux se sont mis à chanter ; l'un d'eux s'est posé sur une branche. Brodé d'une seule couleur sur une jolie bourse verte en toile de lin, il est accompagné d'une initiale.

Réalisation

Marquer le centre de la bourse en piquant une épingle.

Après avoir également repéré le centre du diagramme, réaliser la broderie en commençant par l'oiseau.

Broder ensuite quelques feuilles parsemées sur la bourse.

Choisir une initiale dans l'alphabet *Grandes Lettres anglaises* (pages 92-93) et la broder à l'emplacement prévu.

Pour repasser l'ouvrage, retourner entièrement la bourse sur l'envers.

B

Pour réaliser soi-même une bourse, couper deux morceaux de toile de 19 x 24 cm et les placer endroit contre endroit. Piquer les deux hauteurs et le fond à 1 cm des bords. Couper les angles en biais à 2 mm de la couture (schéma A). Repasser les coutures à plat.

Rabattre le haut de 3 cm (schéma B), faire un rentré de 1 cm et piquer tout le tour à 2 mm du bord. Retourner.

À l'ourlet, couper la couture du bord droit pour créer une fente. Glisser à l'intérieur 50 cm de cordon à l'aide d'une épingle de nourrice.

Nouer les deux extrémités du cordon à la longueur voulue et couper l'excédent à 1 cm du nœud.

Mouliné Spécial DMC Art. 117

CC Écru

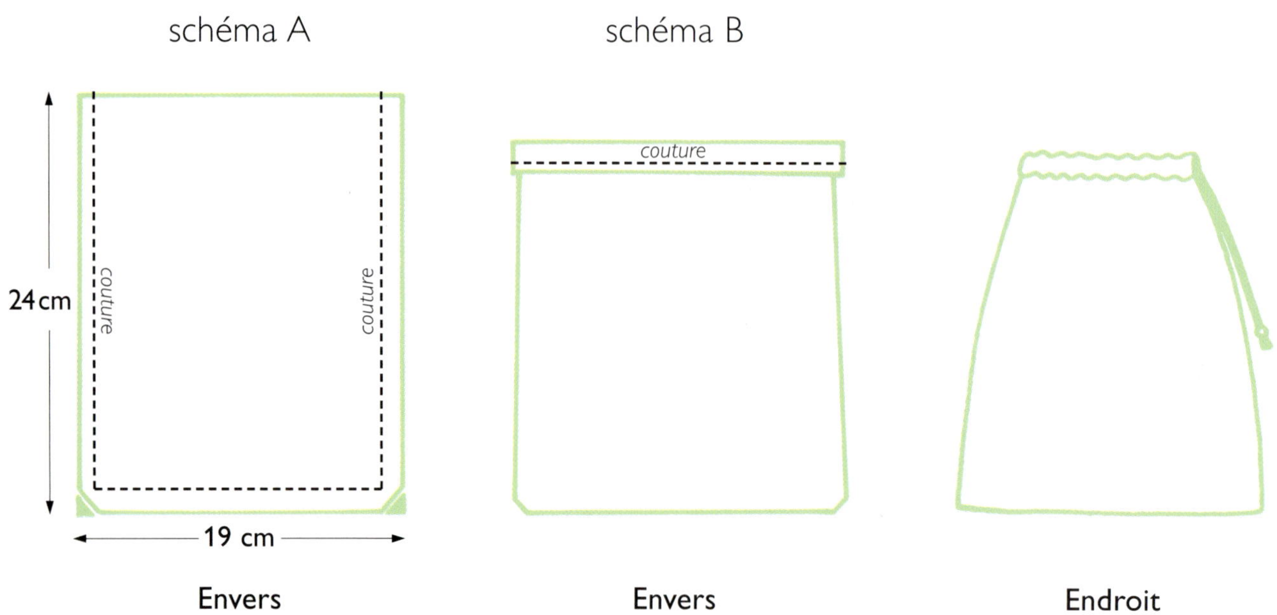

Les œufs de Pâques

Broderie

Le poussin
49 pts de large x 35 de haut,
soit 7,8 x 5,6 cm

Le lapin
50 pts de large x 34 de haut,
soit 7,9 x 5,4 cm

La poule
46 pts de large x 37 de haut,
soit 7,3 x 5,9 cm

Ouvrage

Chaque chapeau mesure environ 7,5 cm de largeur x 6 cm de hauteur

Fournitures

Coupons de toile de lin,
12 fils/cm (soit 6 pts/cm),
coloris : bleu, mauve, vert pâle

30 cm de pilou, pour la doublure

Mouliné Spécial DMC Art. 117,
1 échevette de chaque coloris : rouge 498, vert clair 503, gris foncé 535, jaune d'or 725, jaune clair 727, jaune orangé 742, bleu 931, beige 3033, bleu pâle 3752, orange 3853, Blanc

Fil à coudre DMC tous textiles, 100 % polyester, coloris : blanc, bleu ciel 4001, vert pâle 4776, mauve 4937

Un feutre à transfert

Très pratiques pour tenir les œufs au chaud, ces petits chapeaux sont brodés de motifs naïfs qui amuseront les enfants. Une idée originale qui peut aussi servir à cacher les œufs de Pâques dans le jardin.

Réalisation

Pour chaque chapeau, il faut deux morceaux de toile de 15 x 15 cm, de couleur identique. Une seule face sera brodée pour chacun d'eux. Il vous faudra également deux morceaux de pilou de même taille.

Surfiler les bords de l'un des morceaux. Plier celui-ci en quatre pour trouver le centre de la toile, puis repérer le centre du diagramme.

Tendre la toile sur un tambour, et broder le motif en commençant par le petit animal. Broder ensuite le semis de pois ou de fleurs. Les points de nœud pour les yeux

de chaque animal sont brodés avec 2 brins de Mouliné Spécial.

Photocopier le gabarit du chapeau ci-contre et le placer sur l'envers d'un morceau de toile non brodé. Reporter son contour avec le feutre à transfert et découper sur ce tracé. Les valeurs des coutures, de 7 mm, sont comprises.

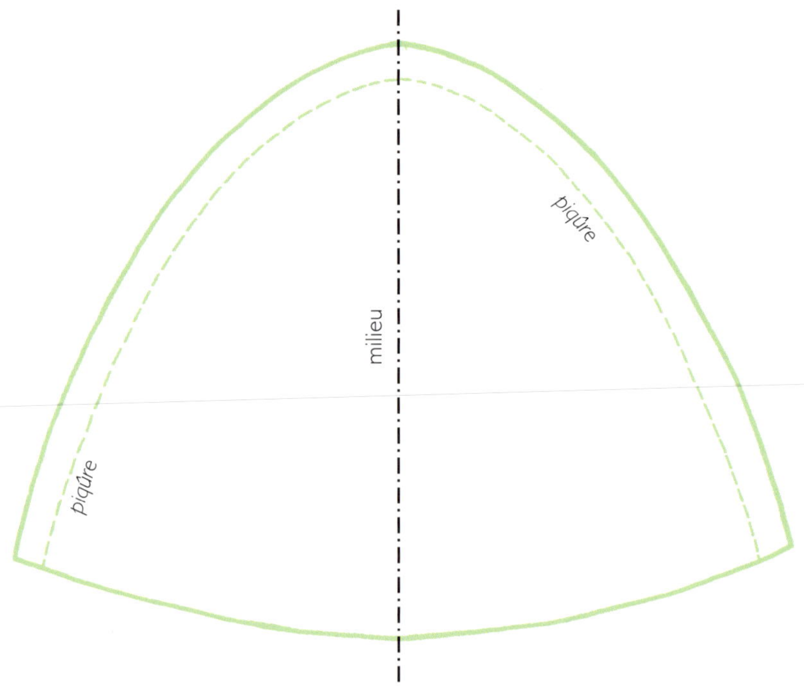

Gabarit à taille réelle

Placer la forme en toile sur le carré brodé, endroit contre endroit. Bien centrer par rapport à la broderie, épingler en place et piquer tout l'arrondi à 7 mm en laissant le bas ouvert. Repasser la couture à plat puis retourner.

Dans le pilou, couper deux carrés de 15 cm de côté pour la doublure. Reporter le gabarit du chapeau sur l'un des carrés, couper sur le tracé. Placer la forme sur le second carré, endroit contre endroit, et piquer à 7 mm du bord. Repasser la couture à plat.

Insérer la doublure dans le chapeau en toile, coutures face à face, puis épingler en place.

Faire un rentré des tissus de 7 mm entre les deux épaisseurs ; fermer par une fine couture à la main avec du fil à coudre blanc.

Mouliné Spécial DMC Art. 117

- vert clair 503
- jaune d'or 725
- jaune clair 727
- orange 3853
- jaune d'or 725
- gris foncé 535

- jaune orangé 742
- bleu 931
- bleu pâle 3752
- bleu 931
- gris foncé 535

- rouge 498
- jaune d'or 725
- beige 3033
- orange 3853
- Blanc
- gris foncé 535

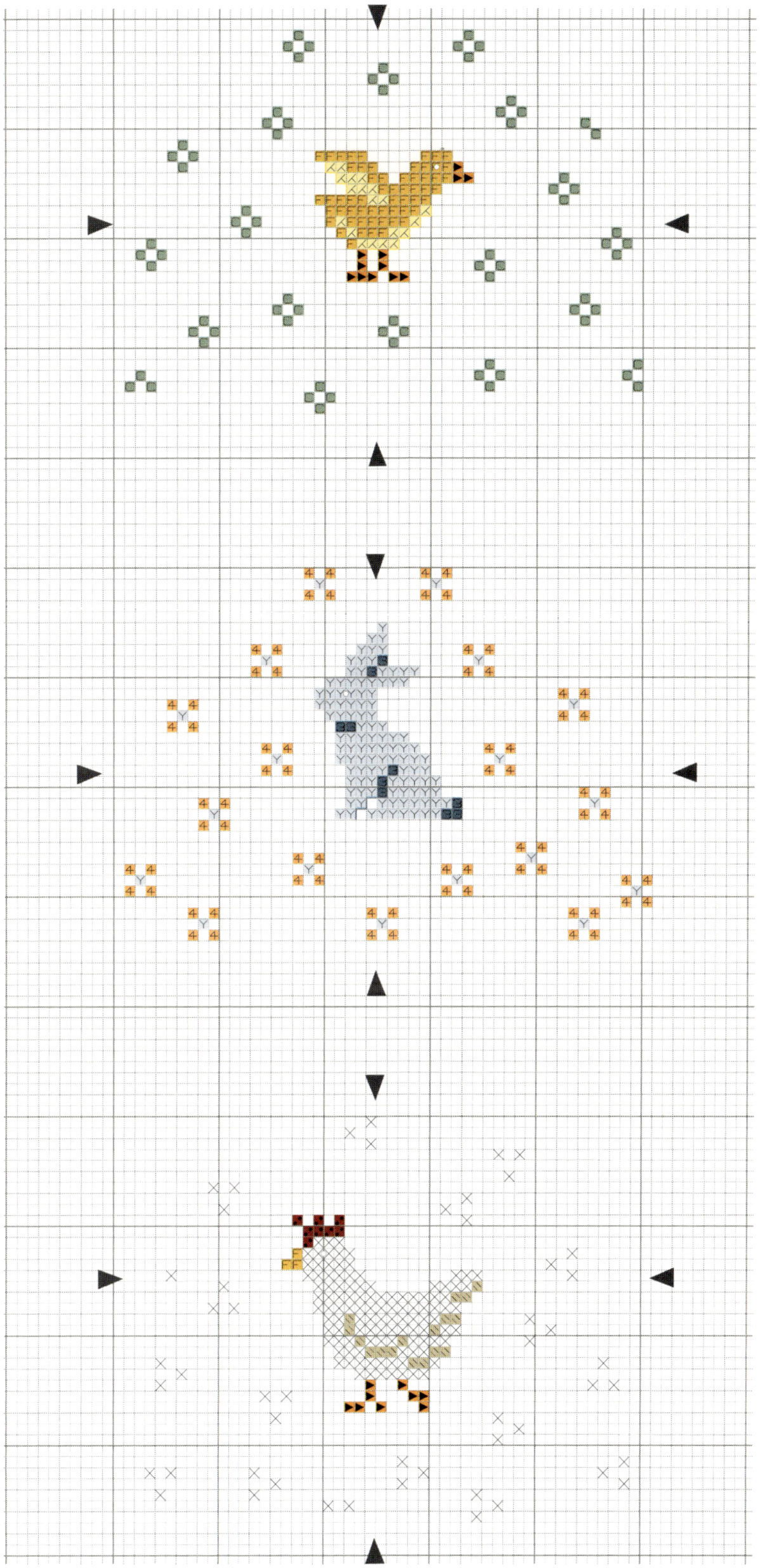

Les brins de muguet

Broderie

107 pts de large x 137 de haut, soit 17 x 21,7 cm

Ouvrage

22 cm de largeur x 29 cm de hauteur

Fournitures

40 cm de toile de lin en 1 m de large, 12 fils/cm (soit 6 pts/cm), coloris kaki clair

Mouliné Spécial DMC Art. 117, 1 échevette de chaque coloris : vert 320, vert clair 368, vert pâle 369, vert foncé 520, kaki clair 523, gris clair 3072, blanc 3865

Fil à coudre DMC tous textiles, 100 % polyester, coloris kaki clair 4715

Des brins de muguet, délicatement brodés sur une toile de lin couleur kaki, feront un bien joli sac aux multiples usages.

Réalisation

Dans la toile à broder en lin, couper deux morceaux de 24 x 32 cm pour les deux faces du sac et une bande de 5 x 34 cm pour la bride.

Surfiler les bords d'un morceau de toile, repérer son centre ainsi que celui du diagramme. Commencer la broderie par les clochettes, puis réaliser les tiges et les feuilles. Trois feuilles sont brodées en kaki clair pour créer un effet de matière sur le tissu.

Repasser le tissu déjà brodé sur l'envers et le placer endroit contre endroit, sur l'autre face du sac. Épingler en plusieurs endroits. Piquer trois côtés du sac à 1 cm du bord, en laissant le haut ouvert. Couper les angles en biais à 3 mm de la couture et repasser les coutures à plat.
Sur le haut du sac, marquer au fer un ourlet de 1 cm avec un rentré de 1 cm. Piquer tout autour puis retourner.

Pour la bride, plier la bande en deux dans la longueur. Faire un rentré des deux épaisseurs de 1 cm et piquer tout du long à 1 mm du bord... Piquer de la même façon l'autre bord. Réaliser un point de bourdon « machine » à chaque extrémité.

Placer la bride sur un côté du sac et la glisser de 1 cm à l'intérieur. Épingler puis fixer la largeur de la bride par une couture à la main ou à la machine. Renouveler l'opération pour l'autre extrémité.

Mouliné Spécial DMC Art. 117

- vert 320
- vert clair 368
- vert pâle 369
- vert foncé 520
- kaki clair 523
- gris clair 3072
- blanc 3865

L'été

En cette saison, la nature s'épanouit en une symphonie de couleurs qui donnent envie de tirer l'aiguille au fond du jardin.

page 28

page 32

page 36

page 40

page 44

Les cerises et les fleurs

Broderie

75 pts de large × 88 de haut, soit 10,4 × 12,2 cm

Passe-partout

11,5 cm de largeur x 13 cm de hauteur

Fournitures

Coupon de toile Aïda 7 pts/cm, coloris bleu-gris

Mouliné Spécial DMC Art. 117, 1 échevette de chaque coloris : rouge vif 304, rouge moyen 498, rouge foncé 815, vert foncé 3051, vert moyen 3052, vert pâle 3053, rose 3832, orange 3854, orange clair 3856, blanc 3865, gris clair 3866

30 cm de carton gris en 2 mm d'épaisseur,

Un cutter, un crayon, une feuille de papier, une règle métallique, du ruban adhésif, un plioir, une paire de ciseaux pour tissu

Colle en bombe aérosol pour tissu

Colle liquide pour tissu

Petit pinceau-brosse

Des cerises, des fleurs et des framboises, brodées sur une toile Aïda, permettent de réaliser un passe-partout original. Joliment encadrée, cette idée agrémentera une photo de famille ou un petit miroir.

Réalisation

Après avoir repéré le centre du diagramme et celui de la toile, broder le modèle avec 2 brins de Mouliné Spécial.

Couper l'excédent de toile tout autour, à 3 cm de la broderie. Repasser sur l'envers et garder en attente, bien à plat.

Pour réaliser le passe-partout, couper un morceau de carton de 11,5 × 13 cm. À 3 cm des bords, tracer une fenêtre pour la photo ou le petit miroir. Couper au cutter sur le tracé. Encoller toute la surface avec de la colle en bombe aérosol. Placer la toile à l'envers, bien à plat, puis poser par-dessus le carton. Veiller à bien

centrer celui-ci par rapport à la broderie. Appuyer fortement sur toute la surface. Retourner sur l'endroit, placer dessus une feuille de papier et appuyer de nouveau à plusieurs endroits, pour que la toile soit collée uniformément.

Couper l'excédent de la toile en biais, dans les angles extérieurs et intérieurs. Retourner sur l'envers et encoller un bord au pinceau avec de la colle liquide ; rabattre sur le carton. Pour que les bords et les angles soient bien nets, utiliser un petit plioir. Maintenir en place jusqu'à adhérence complète de la colle. Renouveler l'opération sur tous les autres bords de toile.

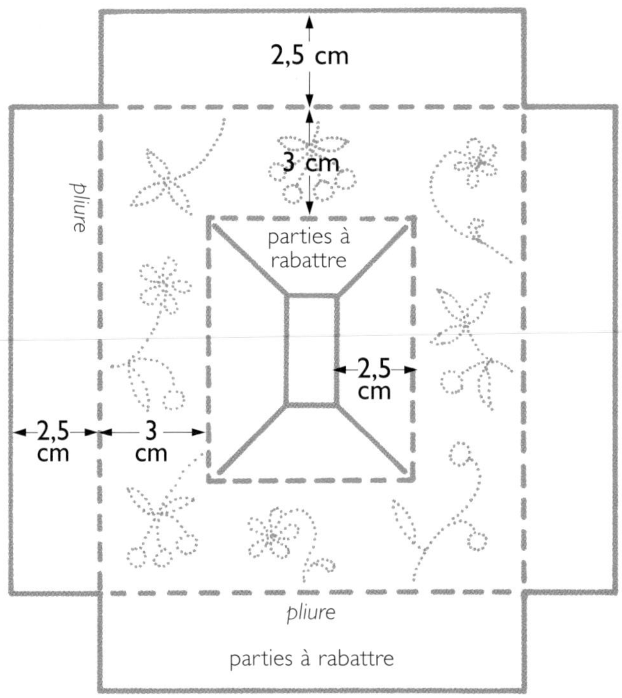

Schéma réduit de 50 %

Sur l'envers du passe-partout, mettre en place une photo souvenir ou un petit miroir. Fixer ensuite sur les bords à l'aide de ruban adhésif.

À moins d'être experte en la matière... faire réaliser l'encadrement par un artisan (voir *Adresses*, page 95).

Mouliné Spécial DMC Art. 117

- rouge vif 304
- rouge moyen 498
- rouge foncé 815

- vert foncé 3051
- vert moyen 3052
- vert pâle 3053

- rose 3832
- orange 3854
- orange clair 3856

- blanc 3865
- gris clair 3866

Le papillon et la libellule

Broderie

Le papillon
26 pts de large x 25 de haut, soit 4,3 x 4,2 cm

La libellule
22 pts de large x 23 de haut, soit 3,5 x 3,7 cm

Ouvrages

Le sachet
10 cm de largeur x 14 cm de hauteur (noué avec le ruban)

Le coussin
10 x 10 cm

Fournitures

Coupon de toile de coton
6 pts/cm, coloris blanc

25 cm de voile de lin bleu ciel et **15 cm de voile de lin** vert pâle, en 50 cm de large

Mouliné Spécial DMC Art. 117,
1 échevette de chaque coloris : vert moyen 502, bleu foncé 931, bleu clair 932, vert clair 3813

Fil à coudre DMC tous textiles, 100 % polyester, coloris : vert pâle 4776, bleu ciel 4813

30 cm de ruban en voile de coton blanc

Épis de lavande

Un papillon et une libellule se sont gracieusement posés sur un sachet et un coussin senteur. Brodés avec finesse sur une toile de coton, appliqués à du voile de lin et garnis de lavande, ils parfumeront délicatement votre linge.

Réalisation

Le sachet

Dans la toile à broder en coton, couper un carré de 10 cm de côté. Surfiler les bords. Repérer le centre, ainsi que celui du diagramme.

Broder le papillon en commençant par le corps, réalisé au point de croix. Broder ensuite les taches des ailes avec deux bleus différents, puis leur contour au point arrière en utilisant 2 brins de Mouliné Spécial.

Les ailes supérieures sont brodées avec le coloris bleu foncé 931 sur le dessus et le coloris bleu clair 932 sur les côtés, jusqu'au retour sur le corps du papillon. Les ailes inférieures sont brodées en bleu foncé 931.

Réaliser les antennes du papillon avec 2 brins de Mouliné Spécial bleu foncé 931, de même que les points de nœud situés à leur extrémité. À l'intérieur des ailes supérieures, broder les nervures avec un seul brin de Mouliné Spécial bleu clair 932.

Repasser la broderie sur l'envers et couper la toile tout autour, à 1 cm du papillon. Garder l'ouvrage en attente.

Dans le voile de lin bleu clair, couper deux morceaux de 12 x 19 cm. Sur l'un d'eux, placer le carré de toile brodé du papillon, envers sur endroit, à 4 cm du bas et à 3 cm des côtés. Épingler en place et appliquer soigneusement avec un point de bourdon « machine », au ras de la toile blanche. Nouer les fils de couture sur l'envers.

Placer les deux faces du sachet endroit contre endroit, bien bord à bord, et piquer les côtés à 1 cm du bord en laissant le haut ouvert. Couper les angles en biais à 2 mm de la couture, repasser les coutures à plat et retourner. Sur le haut du sachet, plier un ourlet de 1 cm en effectuant un rentré de 1 cm. Piquer tout le tour.

Garnir de lavande et fermer à l'aide d'un ruban.

Le coussin

Dans la toile à broder, couper un carré de 10 cm de côté. Surfiler les bords. Repérer le centre de la toile, ainsi que celui du diagramme.

Comme pour le papillon, commencer la broderie par le corps puis broder les taches des ailes au point de croix.

Mouliné Spécial DMC Art. 117

- bleu foncé 931
- bleu clair 932
- bleu foncé 931
- bleu clair 932
- bleu foncé 931

- vert moyen 502
- vert clair 3813
- vert moyen 502
- vert clair 3813
- vert moyen 502

Les points de nœud pour les yeux des insectes sont brodés avec 2 brins de Mouliné Spécial vert moyen 502. Les nervures des ailes supérieures sont brodées avec 1 seul brin de Mouliné Spécial vert clair 3813.

Dans le voile de lin vert pâle, couper deux carrés de 12 cm de côté. Sur l'un d'eux, appliquer le carré de toile brodée de la libellule et procéder de la même façon que pour le papillon. Placer endroit contre endroit les deux faces du coussin et piquer les quatre côtés à 1 cm du bord, en laissant une ouverture de 6 cm sur le dernier côté. Couper les angles en biais, repasser les coutures à plat et retourner par la fente.

Garnir d'épis de lavande parfumée et fermer l'ouverture à la main.

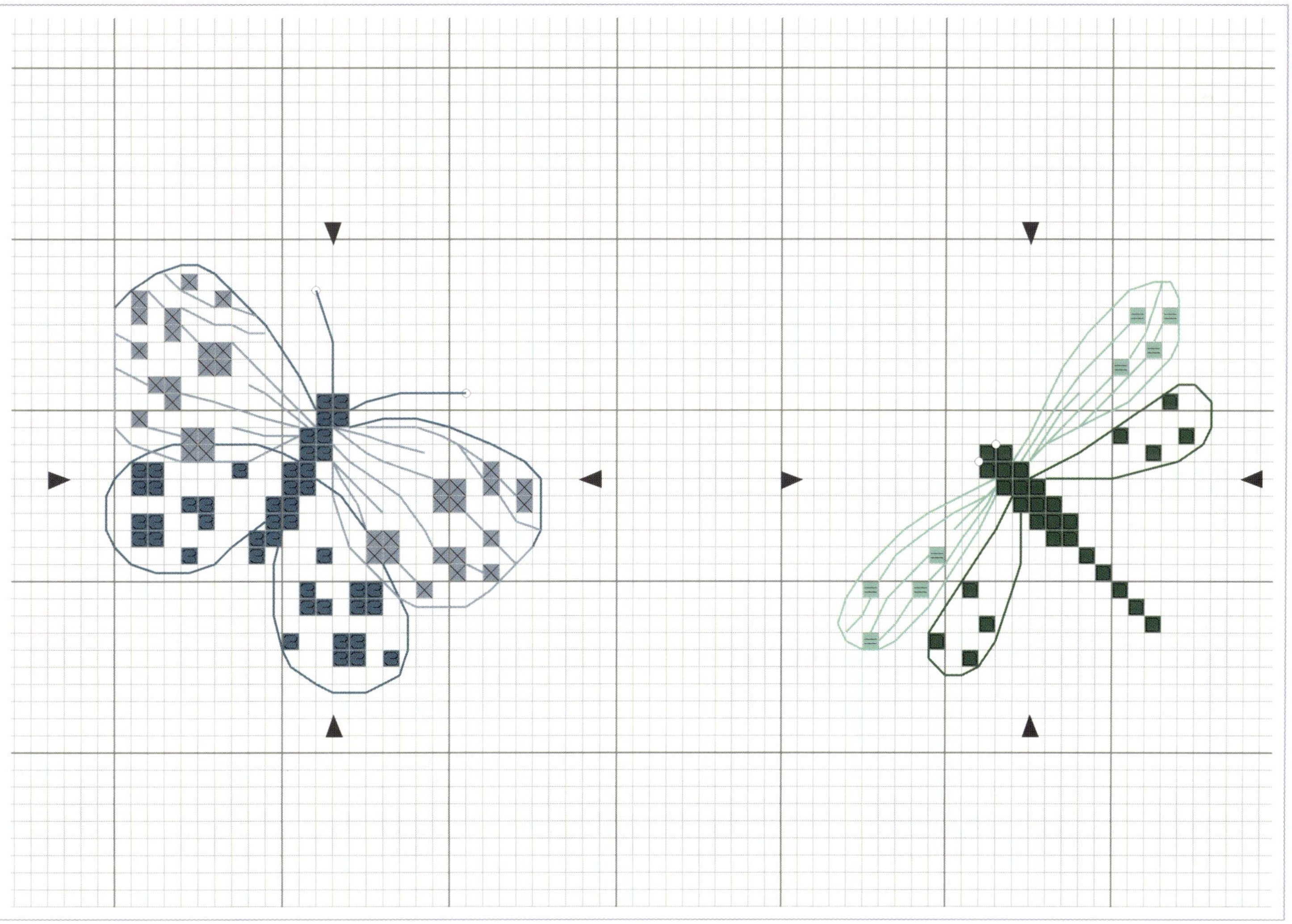

Les marguerites des prés

Broderie

176 pts de large x 75 de haut,
soit 27,9 x 11,9 cm

Fournitures

Tablier en lin, avec poche à broder en toile de lin, 12 fils/cm (soit 6 pts/cm)

Mouliné Spécial DMC Art. 117, 1 échevette de chaque coloris : vert moyen 320, vert foncé 367, vert pâle 368, ficelle 642, jaune 726, bleu très clair 3756, jaune orangé 3822, jaune d'or 3852, blanc B5200 et Écru

Quelques marguerites, fraîchement cueillies dans les prés, ont été brodées avec charme et légèreté sur la poche en toile de lin d'un beau tablier à rayures.

Réalisation

Déterminer le centre de la poche du tablier, en mesurant la hauteur et la largeur de celle-ci. Piquer une épingle ou glisser un fil à cet endroit.

Commencer la broderie par le milieu du diagramme : il se trouve à l'intersection des deux flèches noires.

Terminer la broderie par les points arrière qui cernent quelques-uns des pétales, en utilisant 2 brins de Mouliné Spécial coloris ficelle 642.

Lorsque le travail de broderie est achevé, repasser soigneusement avec un fer à repasser à température moyenne, sur l'envers de la poche.

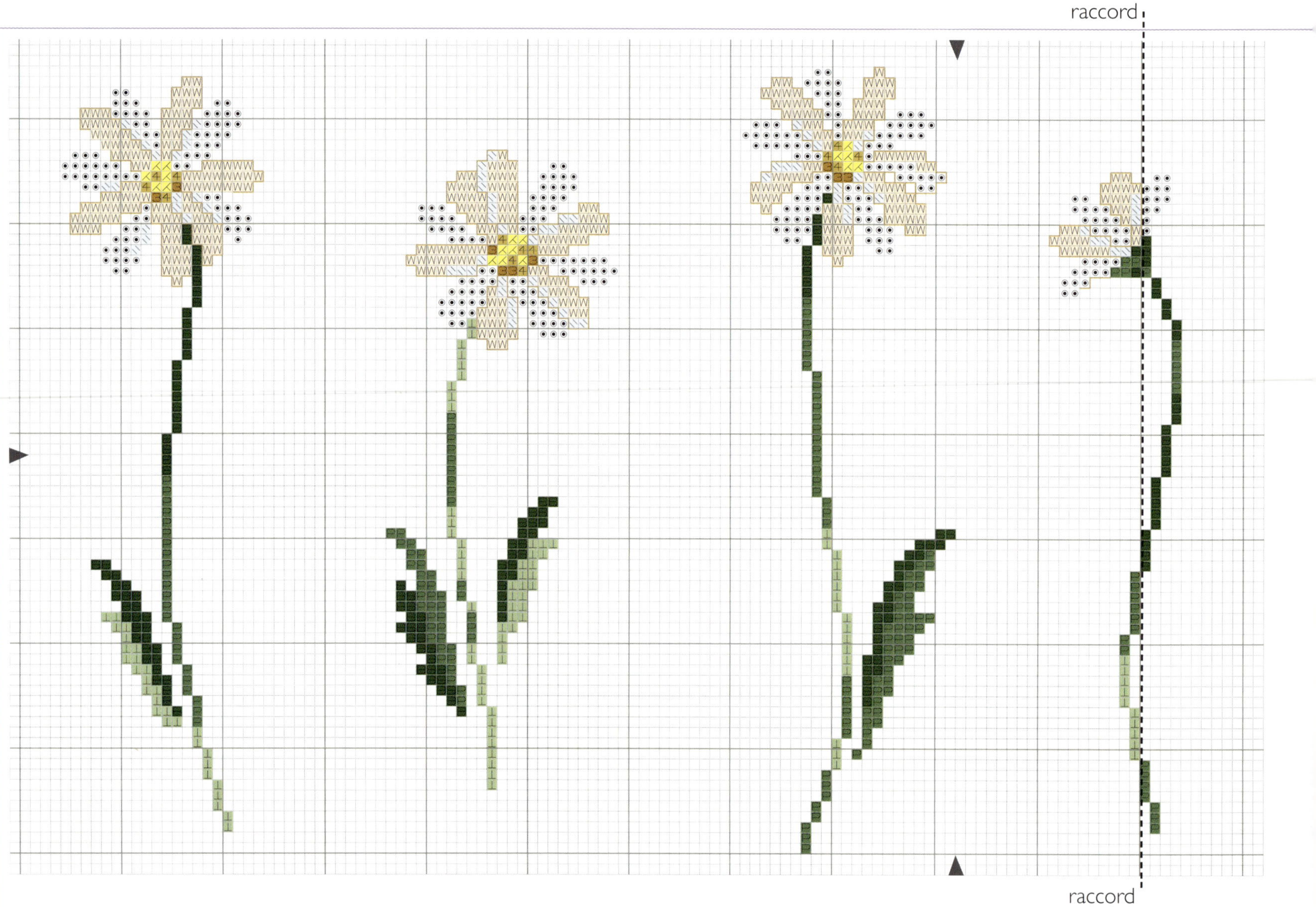
raccord
raccord

Mouliné Spécial DMC Art. 117

- vert moyen 320
- vert foncé 367
- vert pâle 368
- jaune 726
- bleu très clair 3756
- jaune orangé 3822
- jaune d'or 3852
- blanc B5200
- Écru
- ficelle 642

Les rameaux d'olivier

Broderie

Le set
29 pts de large x 156 de haut,
soit 4,1 x 22,4 cm

La serviette
27 pts de large x 28 de haut,
4 x 4 cm

Fournitures

Set et serviette de table
coordonnés, en coton blanc

20 cm de tire-fil, 7 pts/cm

Mouliné Spécial DMC Art. 117,
1 échevette de chaque coloris :
noir 310, vert 520,
vert moyen 522,
vert amande 3052,
marron foncé 3371,
vert olive 3787

Pince à épiler

Un air de Provence pour ce set et cette serviette de table en coton blanc... Les rameaux d'olivier ont été réalisés à l'aide d'un tire-fil, ce qui montre qu'il est possible de broder sur tous les supports.

Réalisation

Le set de table

Couper deux bandes de tire-fil de 10 x 30 cm. Mettre en place et bâtir de chaque côté du set de table.

Repérer le centre du modèle. Plier le set en deux dans la longueur pour marquer l'axe horizontal. Les rameaux d'olivier sont brodés chaque fois à 3 cm du bord, soit à 1 cm du « jour échelle ».

Lorsque la broderie est terminée, enlever soigneusement un à un les fils du tire-fil à l'aide d'une pince à épiler. Repasser sur l'envers.

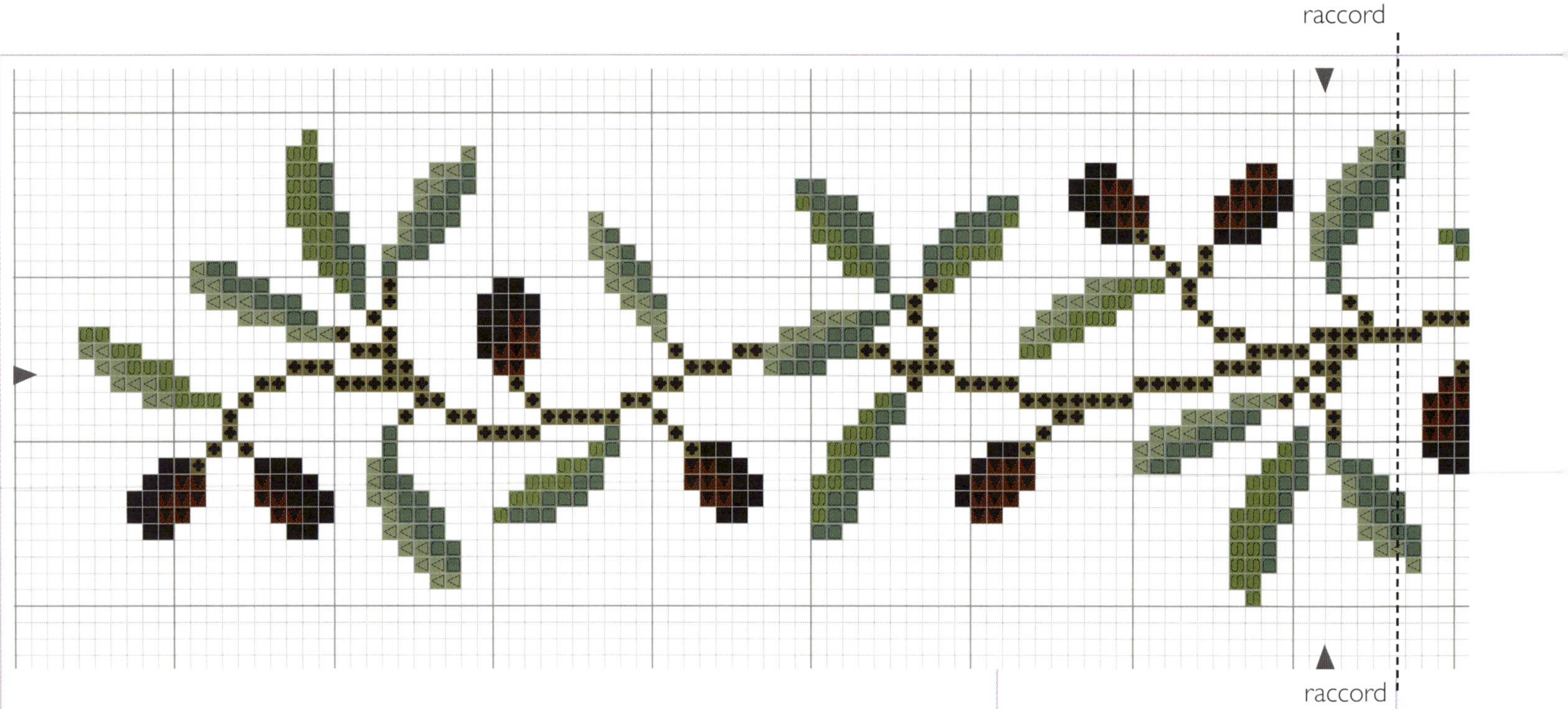

La serviette de table

Couper un carré de tire-fil de 7 cm de côté ; le placer et le bâtir sur la serviette, à 3 cm des bords.

Repérer le centre du dessin ainsi que celui du tire-fil bâti. Le motif du rameau d'olivier est brodé à 5 cm des bords, soit à 3 cm du « jour échelle ».

Lorsque la broderie est terminée, enlever le tire-fil et repasser sur l'envers.

Mouliné Spécial DMC Art. 117

- noir 310
- vert 520
- vert moyen 522
- vert amande 3052
- marron foncé 3371
- vert olive 3787

raccord

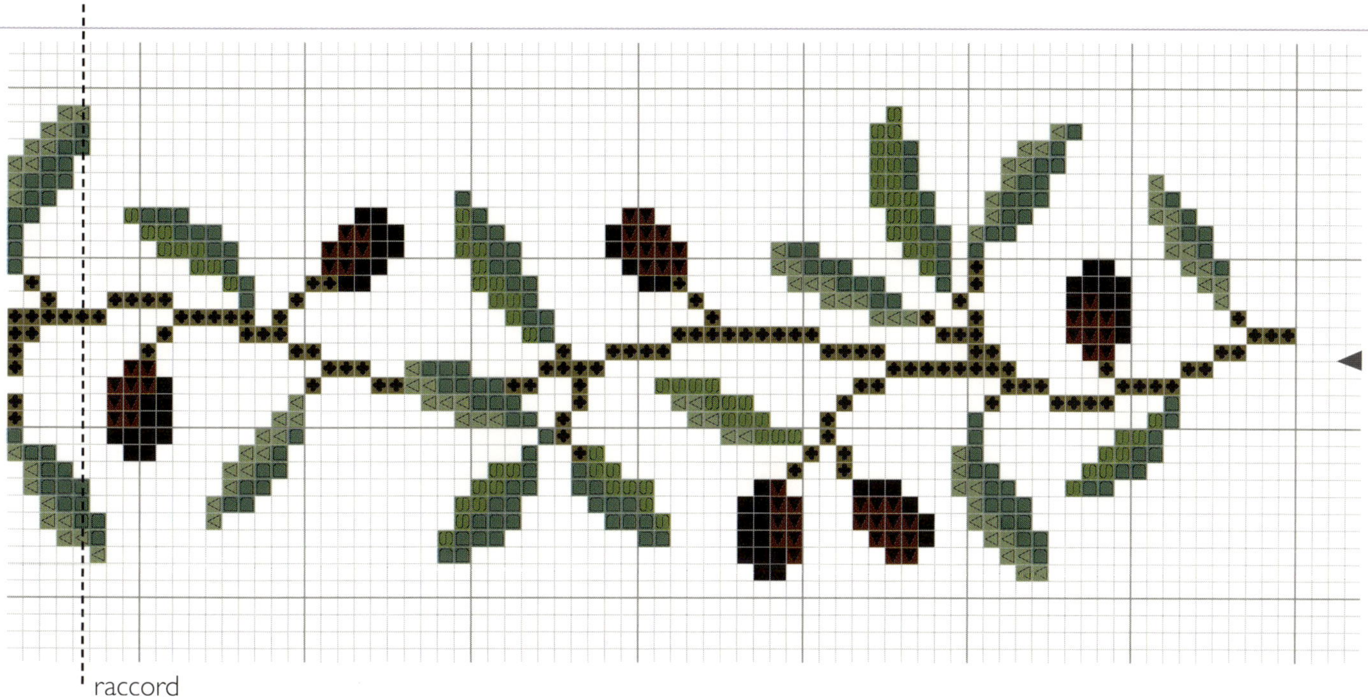

raccord

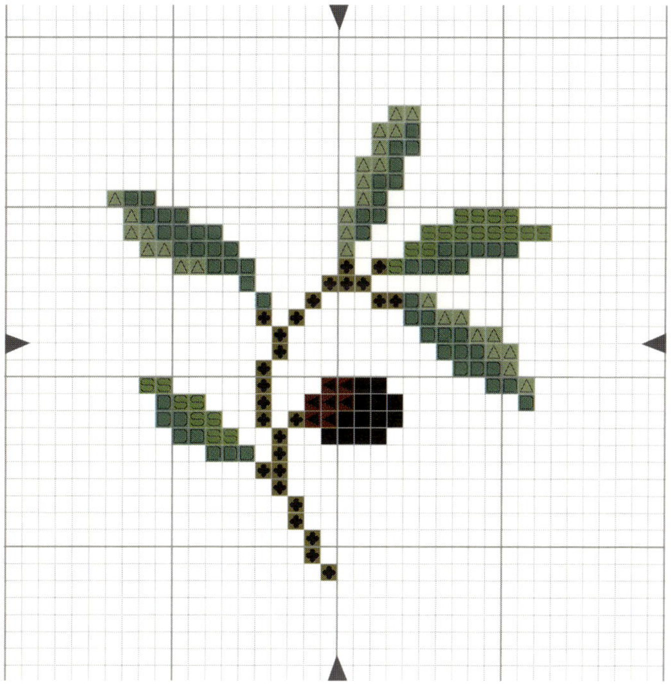

La lavande parfumée

Broderie

35 pts de large x 39 de haut, soit 3,2 x 3,6 cm

Ouvrage

4,5 cm de largeur x 5 cm de hauteur

Fournitures

Coupon de toile de lin, 12 fils/cm, coloris écru

Mouliné Spécial DMC Art. 117, 1 échevette de chaque coloris : vert 320, violet 333, parme 340, vert foncé 367

12 cm de ruban de satin en 8 mm de large, coloris parme

26 cm de petit croquet, coloris parme

Anneau porte-clefs

Épis de lavande

Trois épis de lavande ont été minutieusement brodés sur une toile de lin, sur un seul fil de la toile, permettant à ce motif réduit de s'accorder parfaitement aux dimensions d'un joli porte-clefs parfumé.

Réalisation

Surfiler les bords de la toile et tendre cette dernière sur un tambour à broder.

Réaliser la broderie avec 2 brins de Mouliné Spécial, sur un seul fil de la toile de lin.

Lorsque le travail de broderie est terminé, ôter la toile du tambour. Repasser sur l'envers ; découper à 1 cm tout autour de la broderie pour obtenir un rectangle de 5 cm de largeur x 5,5 cm de hauteur. Surfiler les bords.

Sur le pourtour, coudre le croquet à la main ou à la machine, à 5 mm des bords.

Marquer au fer un rentré de 5 mm, vers l'envers.

Dans la même toile, couper un autre morceau de dimensions identiques. Faire un pli de 5 mm tout autour. Placer le rentré de 5 mm sur l'envers de la face brodée, vers l'intérieur, et assembler à la main en cousant sur le croquet.

Coudre sur trois côtés et garnir de lavande. Puis coudre le dernier côté, en laissant 1 cm ouvert à l'angle. Plier le ruban en deux et glisser les extrémités à l'intérieur du coussinet.

Fermer l'ouverture à la main et passer le ruban dans l'anneau porte-clefs.

Mouliné Spécial DMC Art. 117

- vert 320
- violet 333
- parme 340
- vert foncé 367

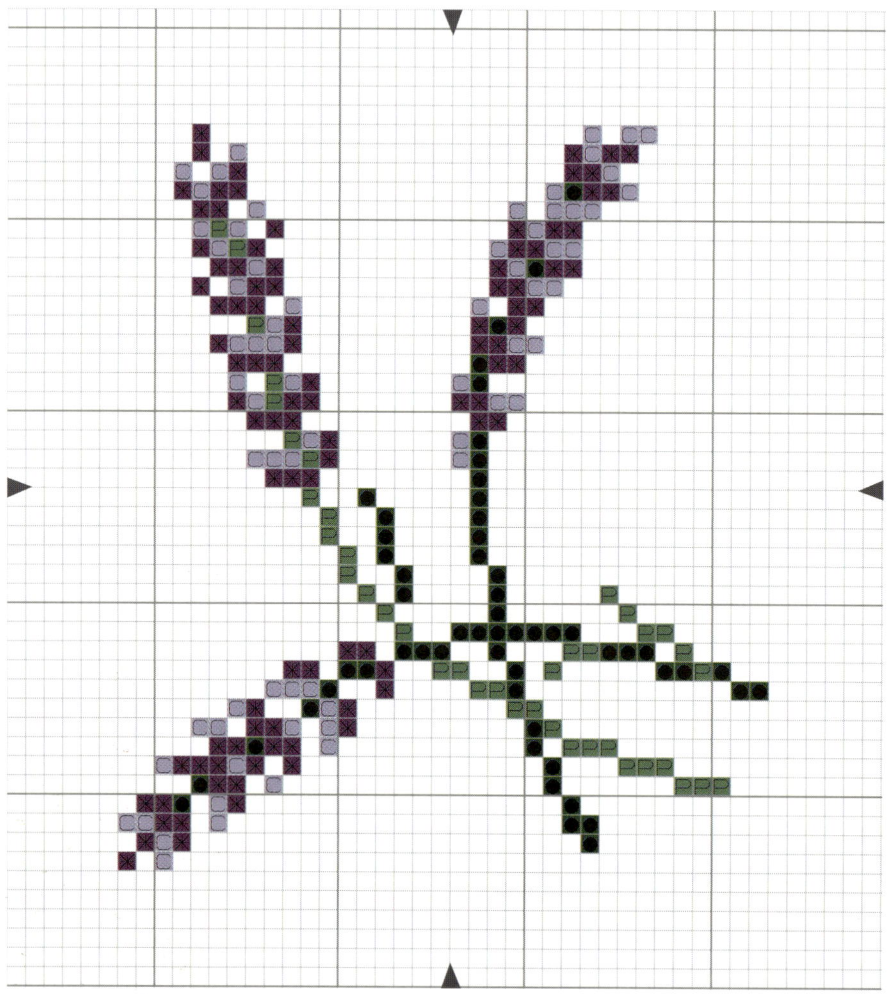

L'automne

Brumes, pluies et vents…
La végétation, toujours aussi généreuse, offre une harmonie de couleurs flamboyantes.

La rentrée des classes

Broderie

109 pts de large x 35 de haut, soit 20,5 x 7,5 cm

Fournitures

Cartable en toile de lin 11fils/cm (soit 5,5 pts/cm)

Mouliné Spécial DMC Art. 117, 1 échevette de chaque coloris : noir 310, bleu 334, gris 414, gris clair 415, marron 434, rouge 498, jaune 743, brun 898, vert foncé 987, vert clair 989, bleu pâle 3325, rose pâle 3779, blanc B5200

Fil à coudre DMC tous textiles, 100 % polyester, coloris écru

La rentrée des classes est l'occasion de se faire de nouveaux amis. Très pratique pour y ranger son goûter et quelques jouets, ce cartable est brodé de petits personnages attachants – un ours et une souris – qui se retrouvent sur le chemin de l'école.

Réalisation

Ce cartable est entièrement doublé d'une toile de coton et présente une ouverture au bord du rabat, qui permet de glisser la main à l'intérieur.

Déterminer le centre du rabat en mesurant la hauteur et la largeur de ce dernier. Puis marquer ce centre à l'aide d'une épingle ou d'un fil.

Commencer la broderie par le motif du cœur rouge, qui est situé juste au centre du modèle.

Mouliné Spécial DMC Art. 117

- noir 310
- bleu 334
- gris 414
- gris clair 415
- marron 434
- rouge 498
- jaune 743
- brun 898
- vert foncé 987
- vert clair 989
- bleu pâle 3325
- rose pâle 3779
- blanc B5200
- noir 310
- gris 414
- vert foncé 987
- noir 310

Poursuivre le travail de broderie en réalisant les motifs situés à gauche puis à droite, et en terminant par les petits détails, tels les fleurs et l'oiseau.

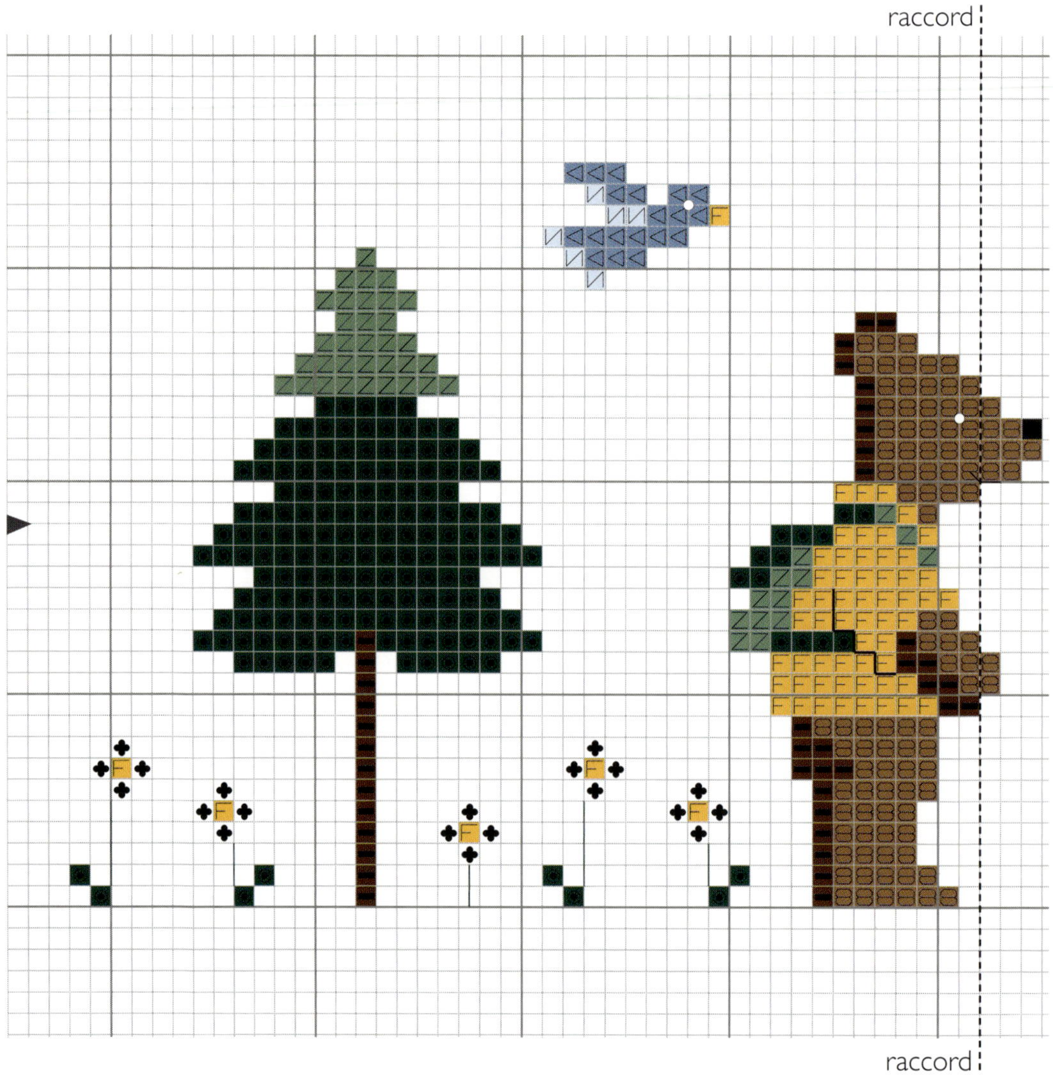

Finir la broderie par les points arrière indiqués sur la grille, avec 2 brins de Mouliné Spécial.
Fermer l'ouverture du rabat par une couture à la main.

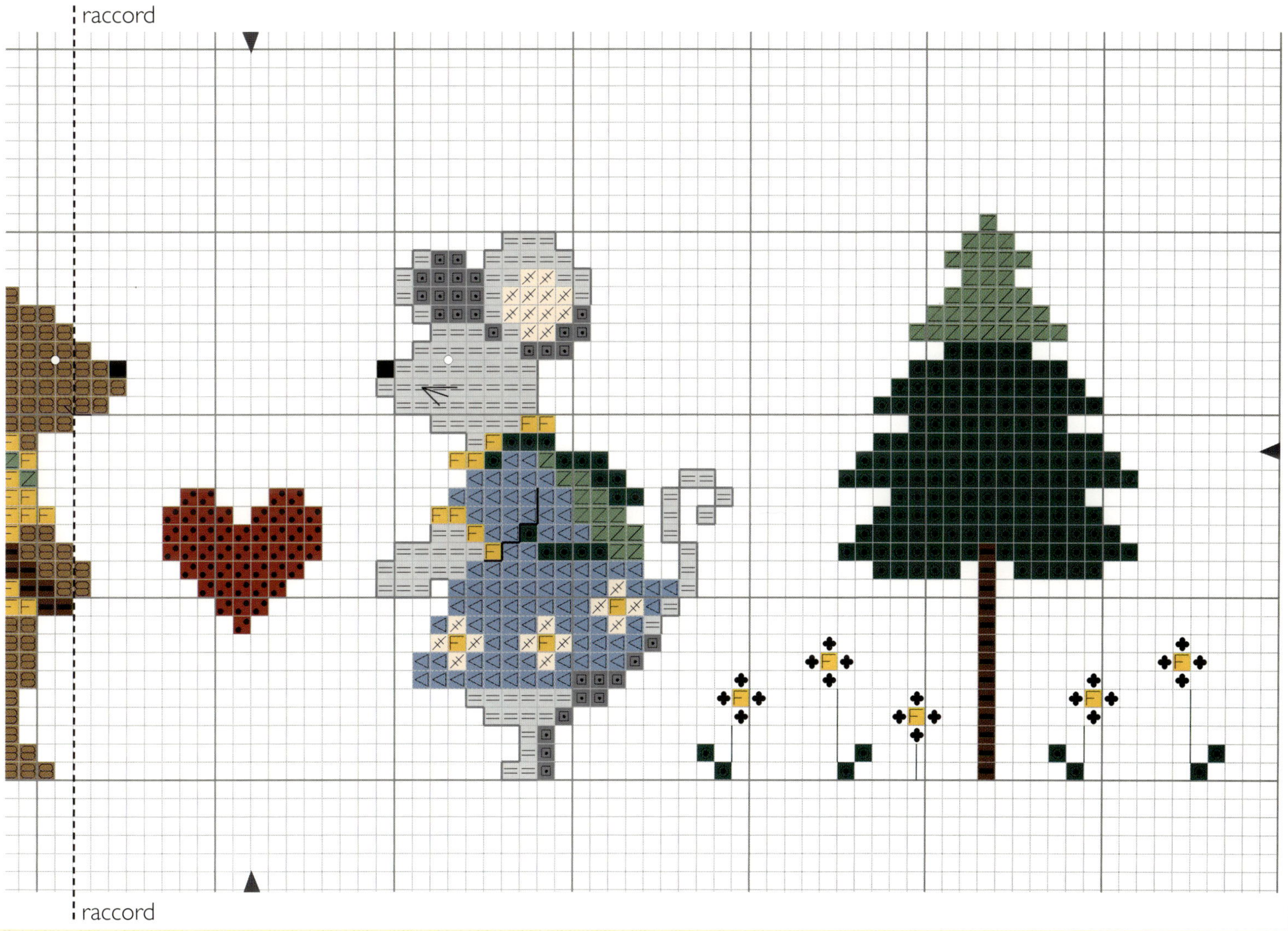

Les glands d'automne

Broderie

25 pts de large × 218 de haut, soit 3,7 × 34,6 cm

Ouvrage

18 cm de largeur × 13,5 cm de hauteur

Fournitures

Toile de lin, 20 × 50 cm, 12 fils/cm (soit 6 pts/cm), coloris marron foncé

Popeline de coton, 20 × 40 cm, coloris vert mousse

Mouliné Spécial DMC Art. 117, 1 échevette de chaque coloris : ocre 436, gris-vert 642, vert foncé 3011, vert clair 3012, rouille 3826

Fil à coudre DMC tous textiles, 100 % polyester, coloris : brun 4310, rouille 4589, vert mousse 4730

70 cm de gros-grain, coloris marron foncé et vert mousse en 1,5 cm de large

70 cm de ruban velours, coloris rouille en 1 cm de large, et **70 cm de ruban satin damassé,** coloris vert mousse en 4 cm de large

70 cm de cordelette fantaisie, coloris marron et vert, et **10 cm de fin cordon** de passementerie pour la bride, coloris vert **Un bouton** de passementerie, coloris vert

Dans une gamme rappelant les couleurs chatoyantes de l'automne, des glands ont été brodés à la façon d'un galon sur une toile à laquelle on a ajouté quelques rubans pour confectionner une élégante pochette.

Réalisation

Cette frise est composée de motifs répétés de haut en bas. On peut choisir de commencer la broderie par le haut et descendre à mesure, en suivant les motifs petit à petit. Dans ce cas, plier la toile en deux dans la largeur pour centrer la frise.

On peut aussi repérer le centre de la toile en la pliant en quatre, ainsi que celui du diagramme, pour attaquer la broderie par le milieu du dessin.

Surfiler les bords de la toile et commencer le travail de broderie à 5 cm du haut de la bande.

Lorsque la broderie est terminée, couper la toile à 8 cm de chaque côté de la partie brodée et à 1 cm en haut et en bas de celle-ci.

Couper les rubans en deux longueurs égales. Les piquer côte à côte, parallèlement à la frise brodée, le premier ruban de velours rouille se situant à 1 cm de cette frise.

Placer à côté, à 1 cm, le ruban de satin vert mousse et piquer de la même façon. Superposer dessus le gros-grain marron, mis bord à bord à côté du premier ruban de velours, puis piquer. Enfin, coudre le gros-grain vert mousse à côté du satin vert.

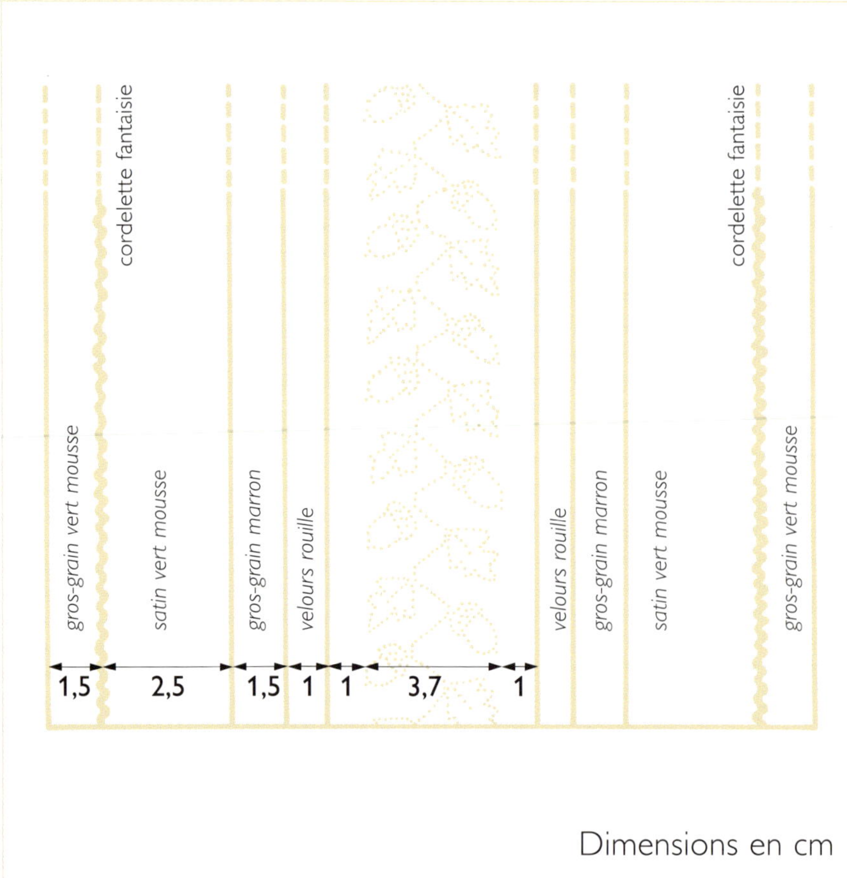

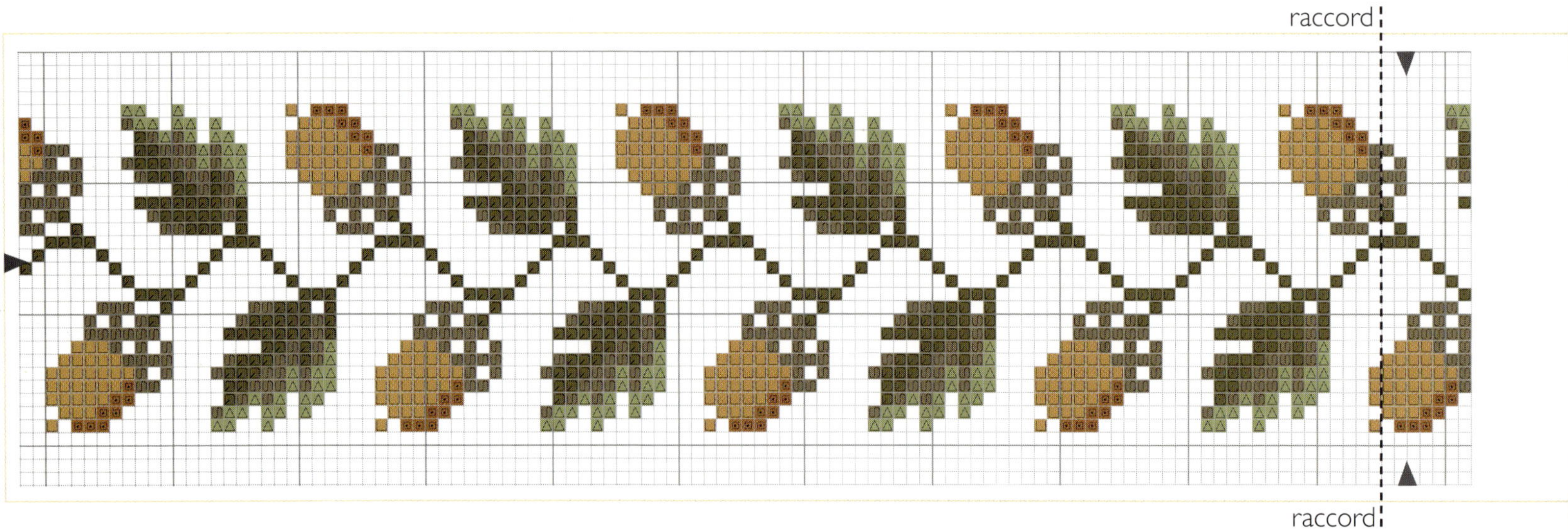

Placer la cordelette à cheval sur le gros-grain et le ruban de satin vert mousse. Piquer sur toute la longueur.

Dans la popeline de coton, couper un morceau de 20 x 33,5 cm. Le placer sur la toile aux rubans, endroit contre endroit ; travailler envers de la face brodée sur le dessus. Piquer les côtés à 1 cm du bord, en laissant une ouverture de 10 cm sur l'une des hauteurs.

Couper les angles en biais, repasser les coutures à plat et retourner par la fente. Fermer cette dernière à la main.

Plier le bas à une hauteur de 10,5 cm pour former la poche. Assembler les côtés par une couture à la main. Plier dessus le rabat à une hauteur de 7,5 cm.

Avec le cordon de passementerie, former une boucle de 3 cm et la fixer à l'intérieur, au centre du rabat. Coudre le bouton sur la poche.

Mouliné Spécial DMC Art. 117

- ocre 436
- gris-vert 642
- vert foncé 3011
- vert clair 3012
- rouille 3826

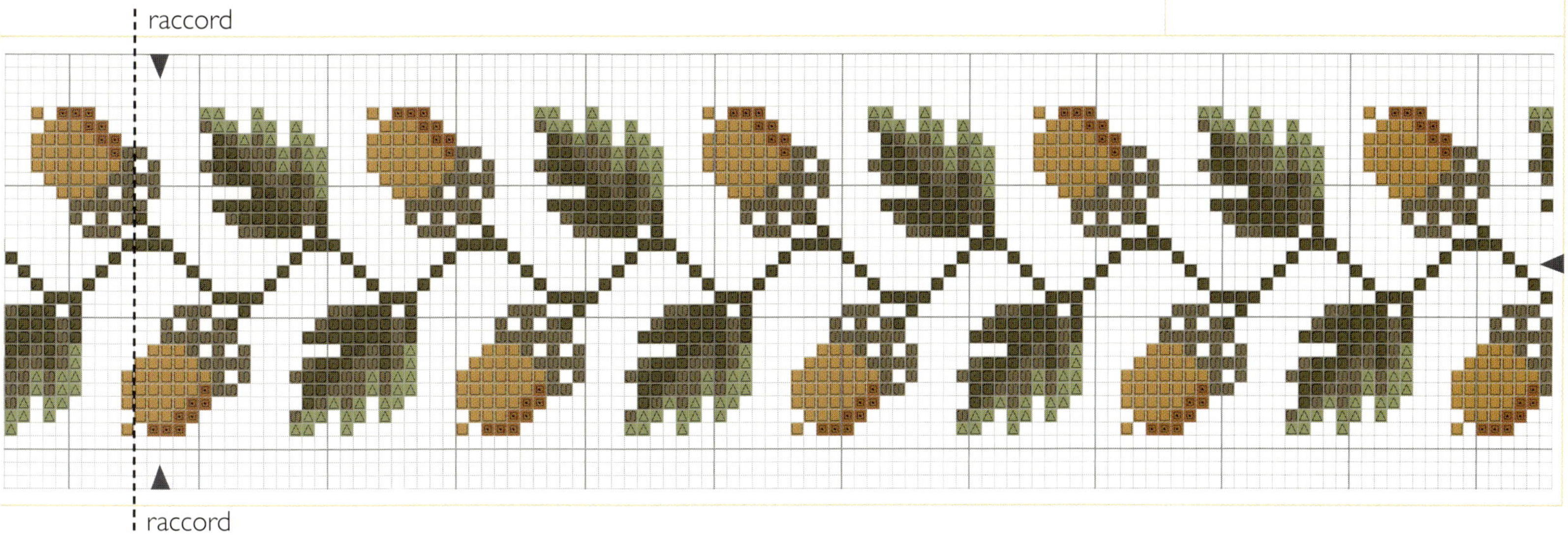

Les feuilles dans le vent

Broderie

La plus grande feuille
28 pts de large × 27 de haut,
soit 4,4 × 4,3 cm

La plus petite feuille
21 pts de large × 16 de haut,
soit 3,3 × 2,5 cm

Fournitures

Torchon en toile de lin,
12 fils/cm (soit 6 pts/cm),
coloris blanc

Mouliné Spécial DMC Art. 117,
1 échevette coloris gris 648

Le vent souffle dans les arbres et les feuilles s'envolent... C'est ainsi qu'elles ont été brodées, parsemées au hasard sur un torchon de cuisine fait dans une belle toile blanche qui a su retenir cet instant de poésie.

Réalisation

Photocopier les feuilles, les découper et les placer sur le torchon un peu au hasard, en divers endroits. Épingler pour maintenir en place.

Il est aussi possible de suivre le schéma de la page 59, correspondant au modèle photographié.

Tendre le torchon sur un tambour à broder. Réaliser le travail de broderie avec 2 brins de Mouliné Spécial. Lorsque la broderie est terminée, ôter le tambour et le placer sous une autre feuille à broder.

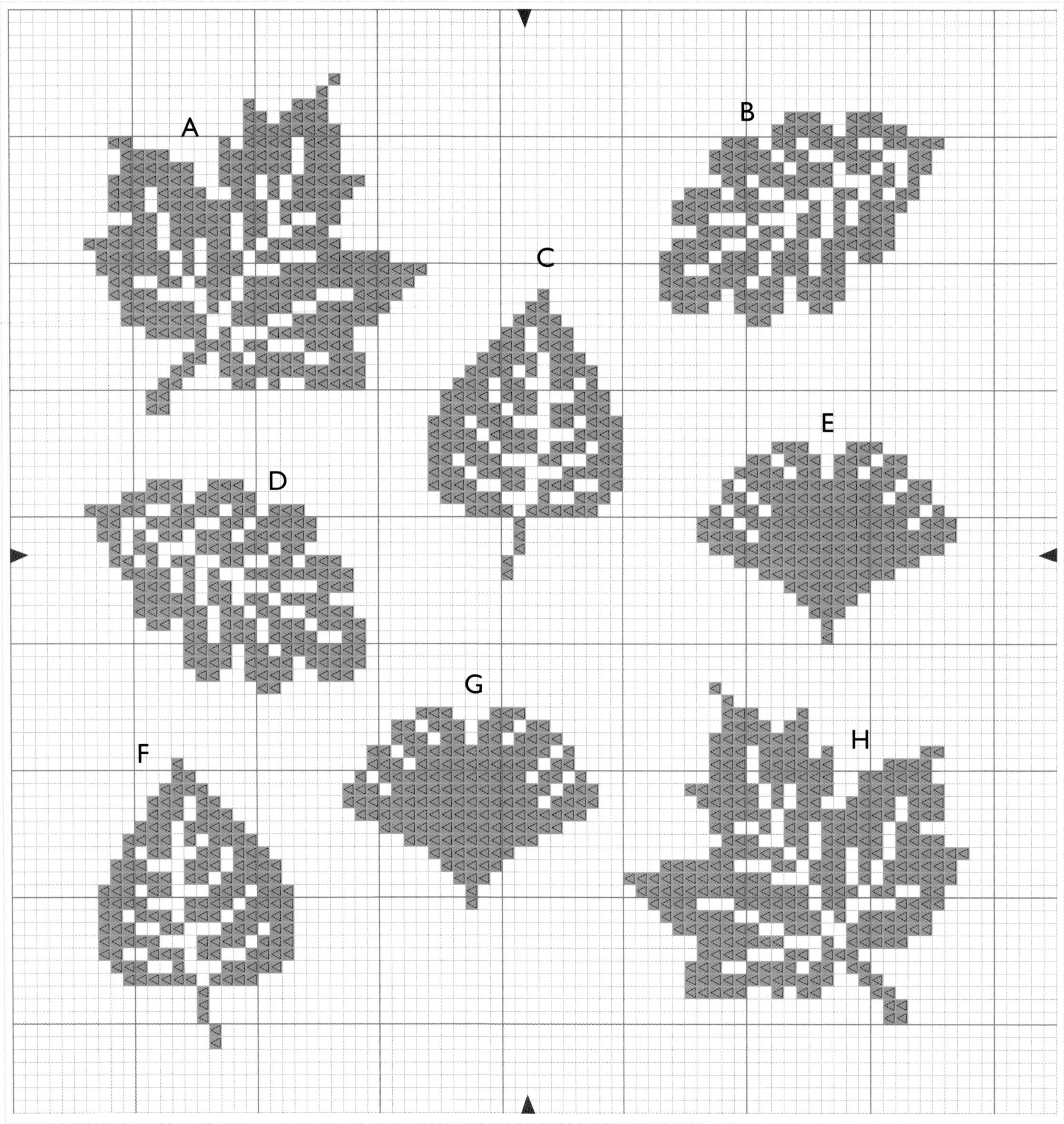
A
B
C
D
E
G
F
H

Mouliné Spécial DMC Art. 117

gris 648

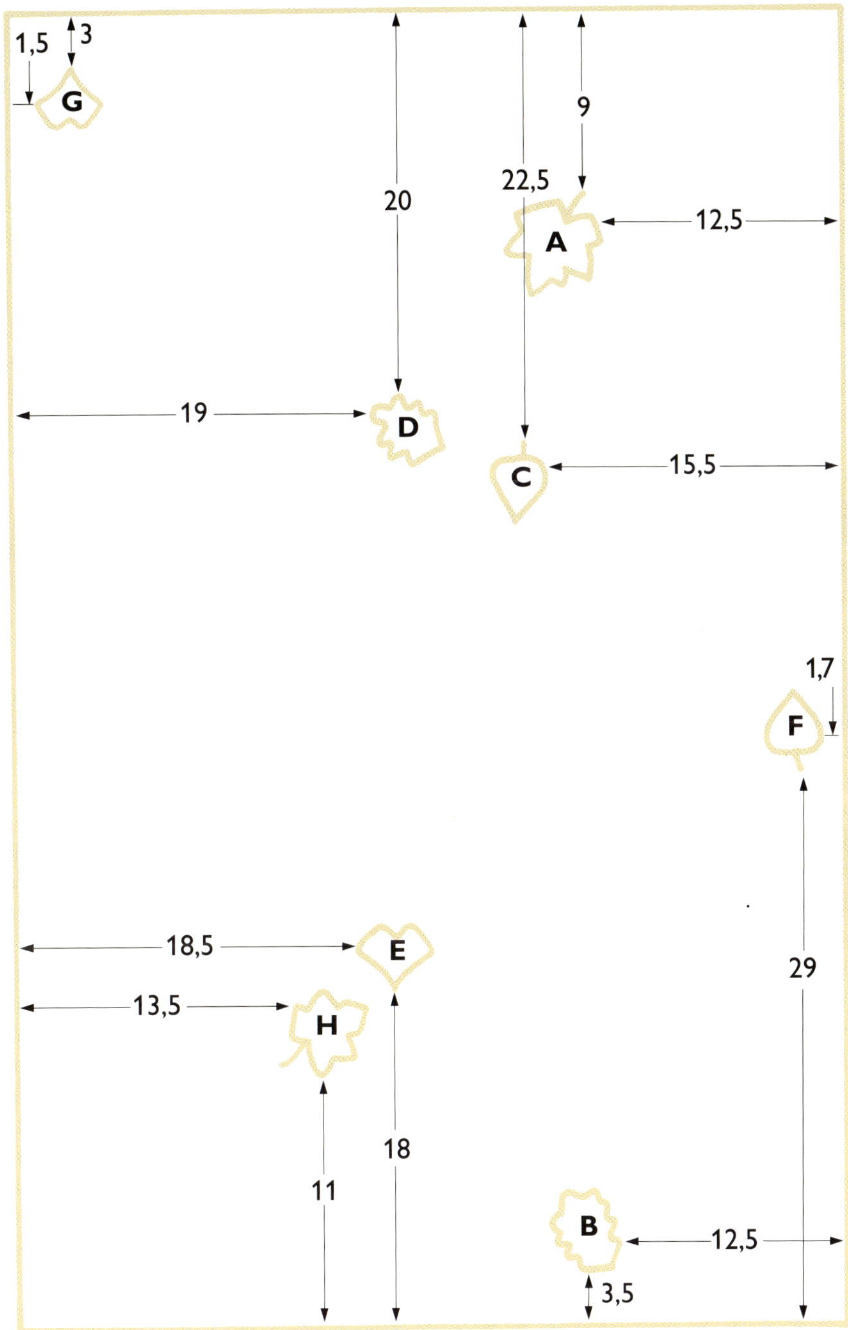

Disposition des feuilles

Dimensions en cm

Les pensées sauvages

Broderie

46 pts de large x 38 de haut, soit 6,5 x 5,3 cm

Fournitures

Coupon de toile Aïda 7 pts/cm, coloris vert tendre

50 cm de tissu en 1 m de large, coloris vert tendre

Mouliné Spécial DMC Art. 117, 1 échevette de chaque coloris : parme 340, bleu ciel 341, jaune 726, jaune très pâle 727, orange 742, bleu pâle 775, bleu nuit 791, bleu marine 792, vert foncé 987, vert moyen 988, vert clair 989, jaune clair 3078, mauve 3746, bleu-mauve 3747, bleu 3839, bleu clair 3840

Fil à coudre DMC tous textiles, 100 % polyester, coloris vert tendre 4787

50 cm de ruban en organza, coloris vert pâle

Cahier, format A5

Trois ravissantes pensées... aux couleurs harmonieuses, ont été brodées sur de la toile Aïda pour être ensuite appliquées sur la couverture d'un cahier, que l'on pourra facilement renouveler lorsqu'il sera plein.

Réalisation

Repérer le centre de la toile et du diagramme. Les points arrière sont brodés avec 1 brin de Mouliné Spécial.

Après réalisation de la broderie, couper la toile en un carré de 11 cm de côté de la façon suivante : à 2,2 cm à gauche et à droite de la broderie ; à 2,8 cm en haut et en bas de celle-ci.

Marquer un pli de 1 cm sur l'envers, autour du carré.

La couverture du cahier est réalisée à la manière d'un protège-cahier (voir schéma page 62).

A
G
D

Pour obtenir la longueur totale : mesurer le devant, la tranche et le dos du cahier, et ajouter 2 fois 6 cm pour les deux rabats.

Pour obtenir la hauteur totale : mesurer la hauteur, et ajouter 2 fois 2 cm pour les rentrés du tissu.

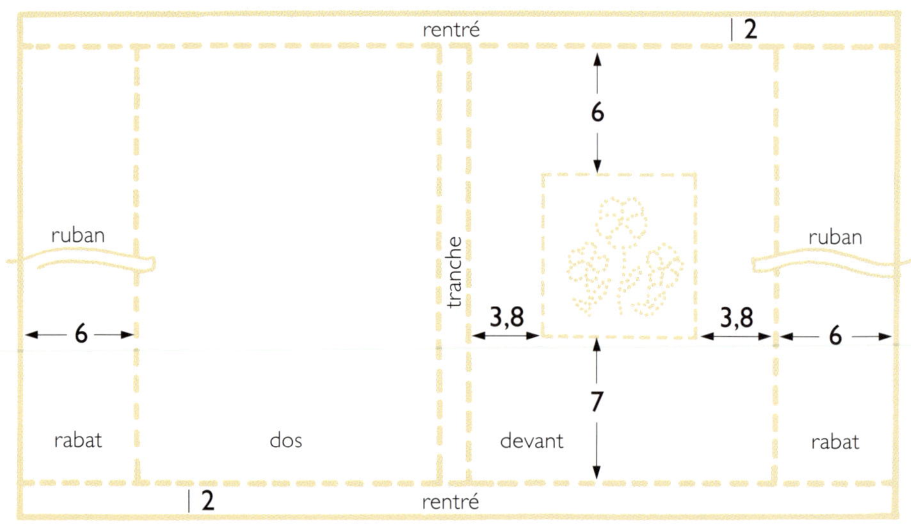

Dimensions en cm

Couper le tissu aux dimensions ainsi obtenues. Surfiler les bords à la machine.

Marquer un pli de 2 cm vers l'envers, en haut et en bas de l'ouvrage. Pour les rabats, faire un ourlet de 1 cm sur les côtés et marquer un pli de 5 cm sur l'envers. Épingler les plis et les rabats en place. Piquer toute la longueur du haut et du bas de la couverture, à 2 mm du bord.

Enfiler la couverture sur le cahier. Placer dessus le carré brodé à 3,8 cm des bords droit et gauche, à 6 cm du haut et à 7 cm du bas. Épingler en place, ôter la housse du cahier et fixer à la main par un point avant, avec 2 brins de Mouliné Spécial bleu 3839.

Couper le ruban en deux et coudre chaque morceau à la main sur le cahier avec du fil à coudre, en faisant un pli de 1 cm à l'extrémité cousue.

Mouliné Spécial DMC Art. 117

- parme 340
- bleu ciel 341
- jaune 726
- jaune très pâle 727
- orange 742
- bleu pâle 775
- bleu nuit 791
- bleu marine 792
- vert foncé 987
- vert moyen 988
- vert clair 989
- jaune clair 3078
- mauve 3746
- bleu-mauve 3747
- bleu 3839
- bleu clair 3840
- bleu nuit 791

Les animaux de la forêt

Broderie

68 pts de large x 80 de haut,
soit 10,8 x 12,7 cm

Fournitures

Coupon de toile de lin,
12 fils/cm (soit 6 pts/cm),
coloris bistre

Mouliné Spécial DMC Art. 117,
1 échevette de chaque coloris :
rouille 433, rose foncé 632,
ficelle 640, ocre 680, sable 738,
écru 822, grège 840,
gris foncé 844, bleu canard 924,
bleu clair 926, vert foncé 3051,
vert clair 3052, bleu-gris 3768,
kaki 3787, marron 3790

L'écureuil et le hibou sont perchés dans l'arbre tandis que le hérisson se promène, comme l'escargot, à travers les champignons… Un conte d'automne illustre ce petit abécédaire plein de charme.

Réalisation

Repérer le centre de la toile ainsi que celui du diagramme. Surfiler les bords de la toile, à la main ou à la machine.

Tendre la toile sur un tambour à broder de taille moyenne.

Exécuter la broderie avec 2 brins de Mouliné Spécial. Les points de nœud sont brodés avec 1 brin pour les yeux des animaux et 2 brins pour les taches des champignons. Les points arrière sont brodés avec 1 brin.

Repasser la toile sur l'envers, avant de réaliser l'encadrement avec quelques branches ou du feuillage.

ABCDEFGHI
JKLMNO
PQRSTUVW
XYZ

Mouliné Spécial DMC Art. 117

- rouille 433
- rose foncé 632
- ocre 680
- sable 738
- écru 822
- grège 840
- gris foncé 844
- bleu canard 924
- bleu clair 926
- vert foncé 3051
- vert clair 3052
- bleu-gris 3768
- kaki 3787
- marron 3790
- ficelle 640
- vert foncé 3051
- écru 822
- gris foncé 844

L'hiver

Saison des neiges, du givre et du froid, où la végétation se fait rare… On trouve cependant des fleurs et des feuillages intéressants.

page 68

page 74

page 77

page 80

page 84

Le gui porte-bonheur

Broderie

La taie d'oreiller
40 pts de large x 221 de haut, soit 6,4 cm x 35,1 cm

Le drap
391 pts de large x 40 de haut, soit 62,1 x 6,4 cm

Fournitures

30 cm de toile de lin en 2 m de large, 12 fils/cm (soit 6 pts/cm), coloris bistre

3 m de toile de lin écru DMC en 1,80 m de large, pour le drap

60 cm de tissu écru en 1,50 m de large, pour la taie

Mouliné Spécial DMC Art 117, 1 échevette de chaque coloris : vert foncé 319, vert moyen 367, gris foncé 647, ocre 729, ivoire 746, gris clair 3072, vert anis 3348, vert 3363, kaki 3364

Fil à coudre DMC tous textiles, 100 % polyester, coloris : écru, ficelle 4241

5 boutons de nacre, de 8 mm de diamètre

Quelques brins de gui décorent avec raffinement un drap et une taie d'oreiller. Le choix des matières, les couleurs naturelles et les boutons de nacre font de cet ensemble une parure de lit très élégante.

Réalisation

Pour la taie d'oreiller, couper une bande de toile de lin de 15 x 37 cm. Surfiler les bords. Marquer le milieu de la bande en la pliant en quatre. Puis repérer le centre du diagramme de la taie.

Tendre la toile sur un tambour à broder de 20 cm de diamètre. La broderie étant très longue, la toile sera déplacée sur le tambour en cours d'exécution.

Pour la bordure du drap, couper une bande de 15 x 180 cm. Surfiler les bords et procéder de la même façon que ci-dessus pour la réalisation des broderies.

La taie d'oreiller

L'oreiller terminé mesure 35 cm de hauteur x 55 cm de largeur (voir ci-dessous). Pour le devant, couper dans le tissu écru un premier morceau de 37 x 45 cm et, pour le dos, un second morceau de 37 x 68 cm. Placer la bande brodée sur le tissu du devant, bien bord à bord et endroit contre endroit, puis piquer à 1 cm du bord extérieur (schéma A). Repasser la couture à plat.

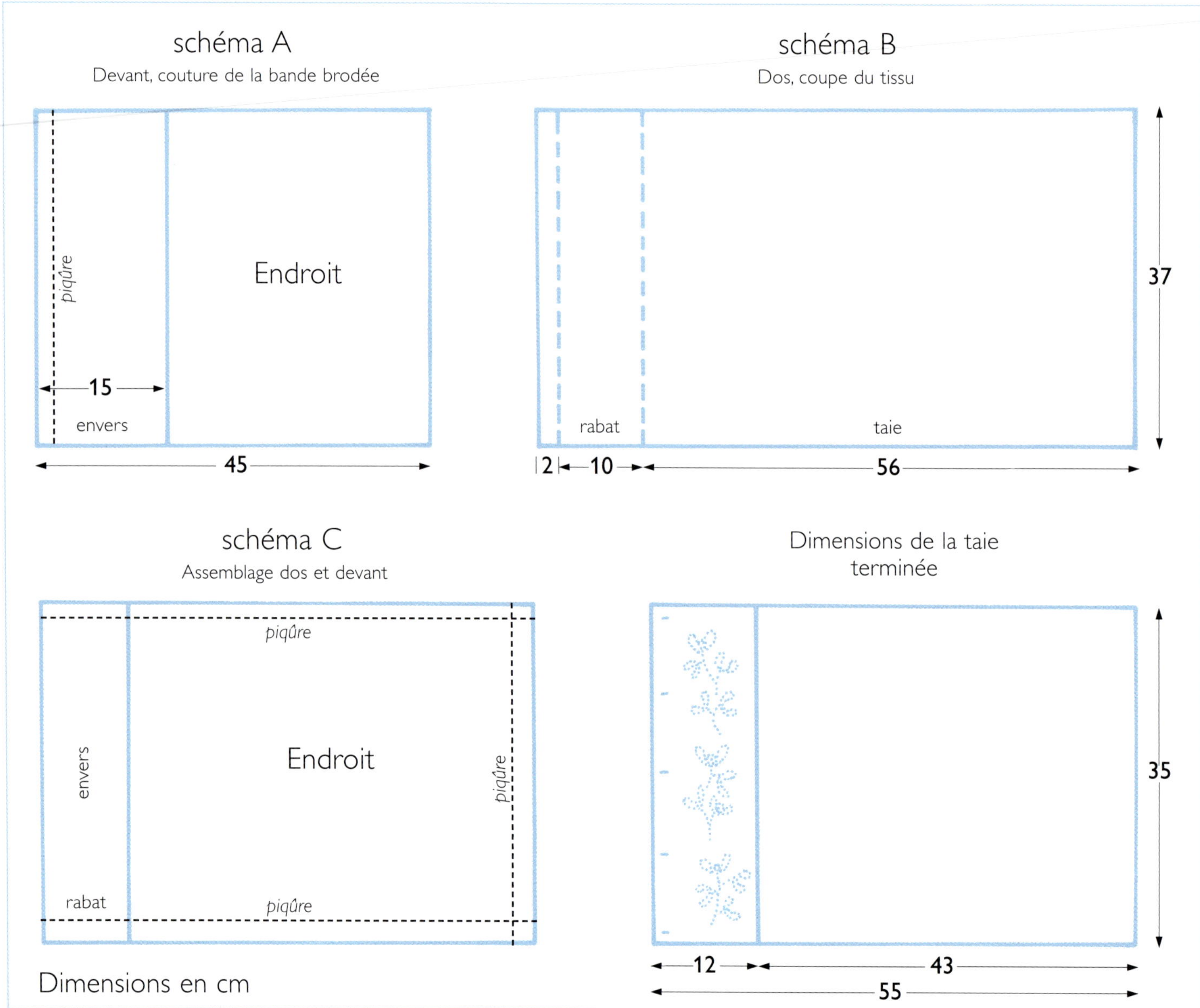

Piquer un ourlet de 1 cm avec un rentré de 1 cm, sur le bord de la toile de lin bistre.

Réaliser, à la main ou à la machine, cinq boutonnières de 1 cm. Les deux premières se situant à 1,5 cm du haut et du bas, les autres à 8 cm d'intervalle.

Sur le tissu du dos, piquer un ourlet de 1 cm avec un rentré de 1 cm sur une des hauteurs. Sur ce côté, marquer au fer un pli de 10 cm. Ce sera le rabat intérieur de la taie (schéma B).

Placer le dos sur le devant, endroit contre endroit, et plier le rabat de 10 cm par-dessus. Piquer les deux longueurs et une des hauteurs à 1 cm du bord (schéma C). Repasser les coutures à plat, puis retourner par la fente.

Coudre les boutons de nacre sur le rabat, en face de chaque boutonnière.

Le drap

Le drap terminé mesure 180 cm de largeur x 290 cm de longueur (pour un lit d'une personne).

Placer la bande brodée, endroit contre envers, sur la largeur du tissu. Piquer à 1 cm du bord. Repasser la couture à plat et retourner. Toujours sur la toile brodée, en haut de celle-ci et sur les côtés, marquer au fer un rentré de 1 cm ; piquer les trois bords.

Faire un ourlet avec un rentré de 1 cm, au bas du drap.

Mouliné Spécial DMC Art. 117

- vert foncé 319
- vert moyen 367
- gris foncé 647
- ocre 729
- ivoire 746
- gris clair 3072
- vert anis 3348
- vert 3363
- kaki 3364

Le drap (début de la frise)

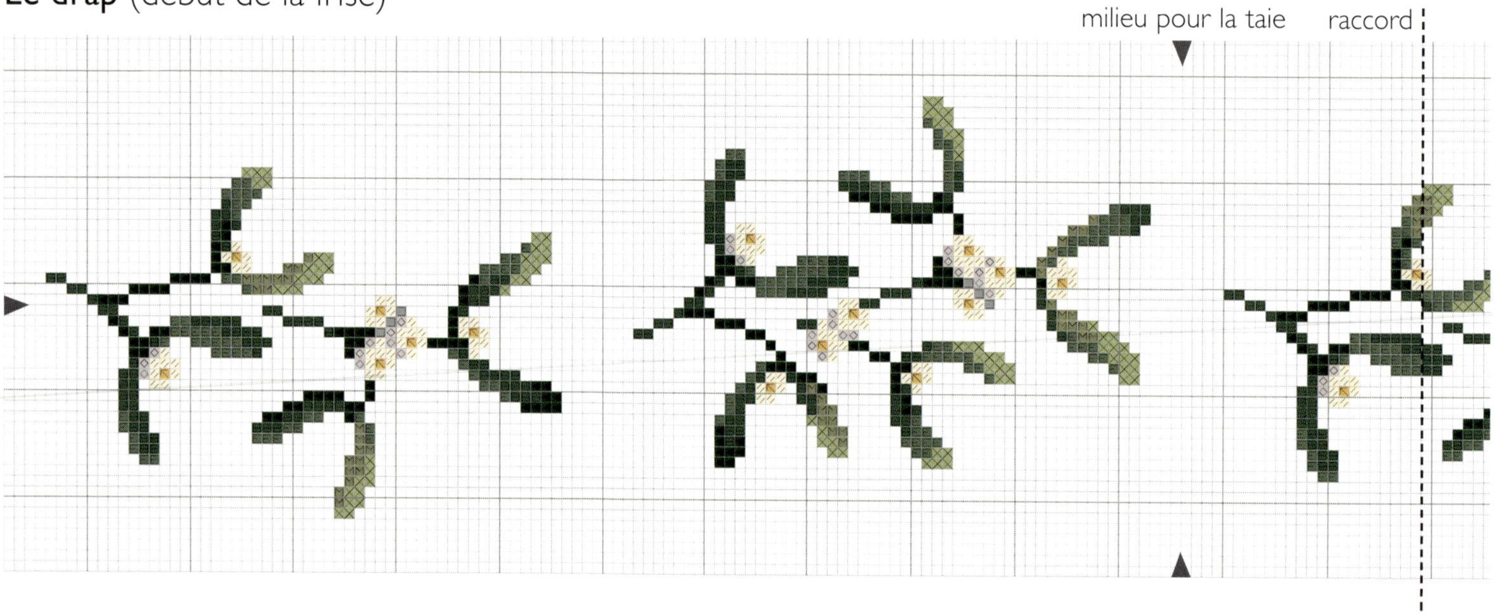

Le drap (suite de la frise)

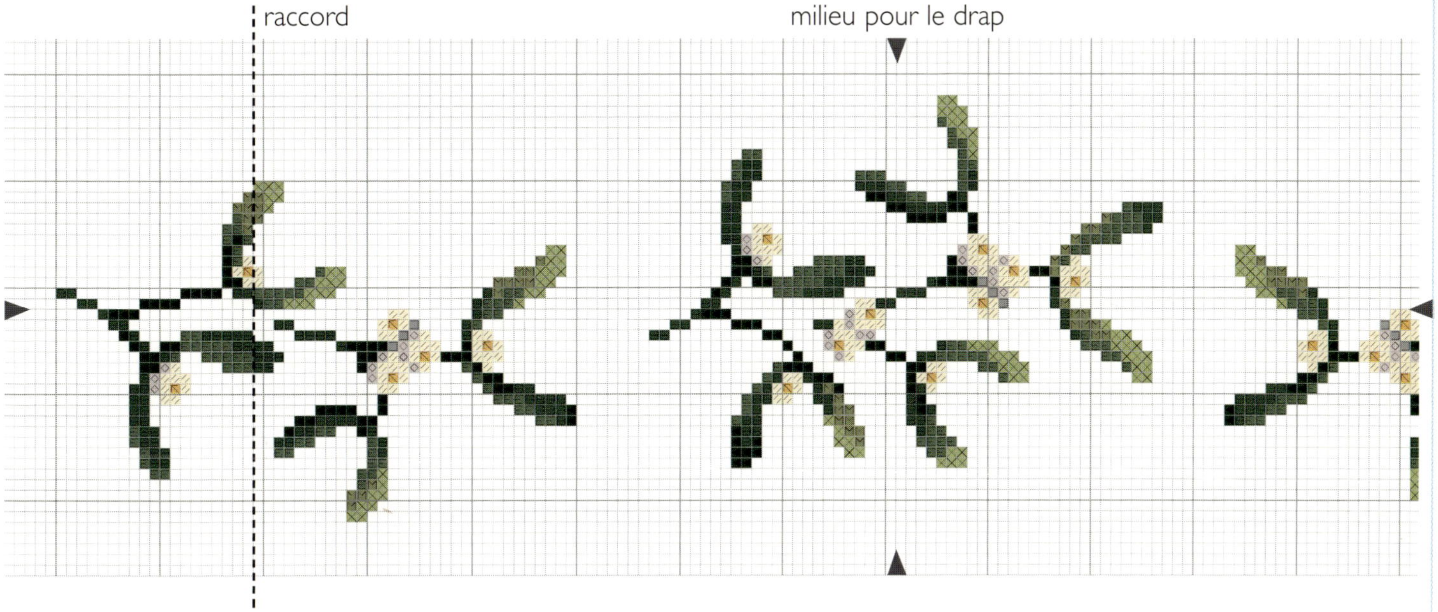

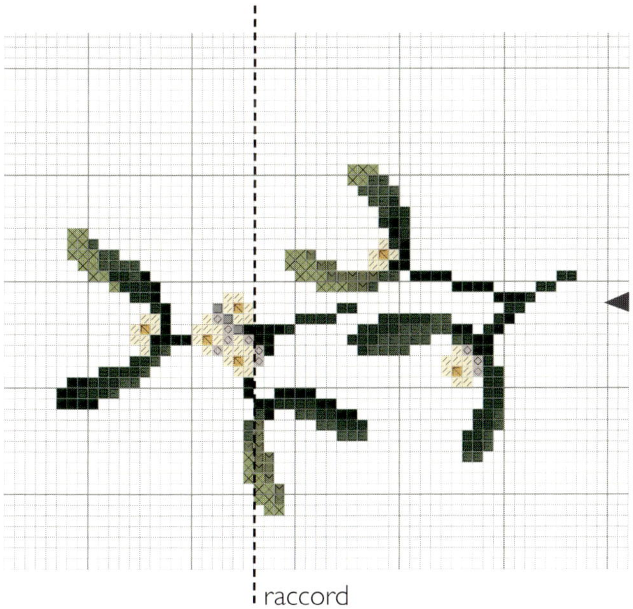

La broderie du drap est constituée de sept brins de gui, dont les quatre premiers sont orientés vers la droite et les trois suivants vers la gauche.

Pour la frise de la taie d'oreiller, il suffira de reprendre les quatre premiers motifs de cette grille (orientés vers la droite) et, éventuellement, d'inverser les coloris vert foncé et vert clair pour créer un petit effet de miroir entre la taie d'oreiller et le drap.

Le flocon de neige

Broderie

20 pts de large x 21 de haut,
soit 3,2 x 3,3 cm

Fournitures

Coupon de toile de lin
12 fils/cm (soit 6 pts/cm),
coloris bleu

1 m de tissu en laine polaire,
coloris bleu

1 échevette de Broder Spécial DMC Art. 107, coloris Blanc

Fil à coudre DMC
tous textiles, 100 % polyester,
coloris : blanc, bleu 4001

50 cm de ruban, coloris bleu clair

Perles « frosted glass beads »,
coloris blanc irisé

Flocons « glass treasures »
en plastique nacré,
un grand et un petit

Brodé sur une toile de lin, ce flocon est agrémenté de perles de rocaille irisées qui lui donnent un effet givré. Appliqué à la machine sur un tissu en laine polaire, il décore de façon originale une housse pour bouillotte.

Réalisation

Tendre le coupon de toile sur un tambour à broder et réaliser le motif avec le Broder Spécial.

Coudre les perles aux endroits indiqués par un cercle avec le fil à coudre blanc, puis ôter la broderie du tambour.

Dans le tissu en laine polaire, couper deux rectangles de 24 x 44 cm pour les deux faces de la housse.

Couper le tissu brodé en un carré de 10 cm de côté. Placer celui-ci sur l'un des rectangles en laine polaire, envers contre endroit, à 10 cm du bas et à 7 cm de

chaque côté. Épingler en place et appliquer par une couture machine au point de bourdon. Bien arrêter les coutures en faisant un nœud sur l'envers.

Placer les deux rectangles de la bouillotte endroit contre endroit. Coudre les deux côtés et le bas à 1 cm du bord. Piquer les deux angles du bas en arrondi. Couper le tissu à 1 cm de ces coutures arrondies. Retourner.

En haut de la housse, à 15 cm du bord et au centre de celle-ci (soit à 11 cm des bords), coudre une boutonnière de 1 cm de hauteur afin de pouvoir passer le ruban.

Faire un rentré de 8 cm, épingler en plusieurs endroits. Réaliser une coulisse en piquant une première couture à 7 cm, au ras de la boutonnière, tout autour de la housse ; puis une seconde piqûre, à 1 cm au-dessus. Enfiler le ruban dans la coulisse à l'aide d'une épingle de nourrice.

Placer la bouillotte à l'intérieur de la housse et nouer le ruban. À chaque extrémité de celui-ci coudre un flocon en plastique nacré.

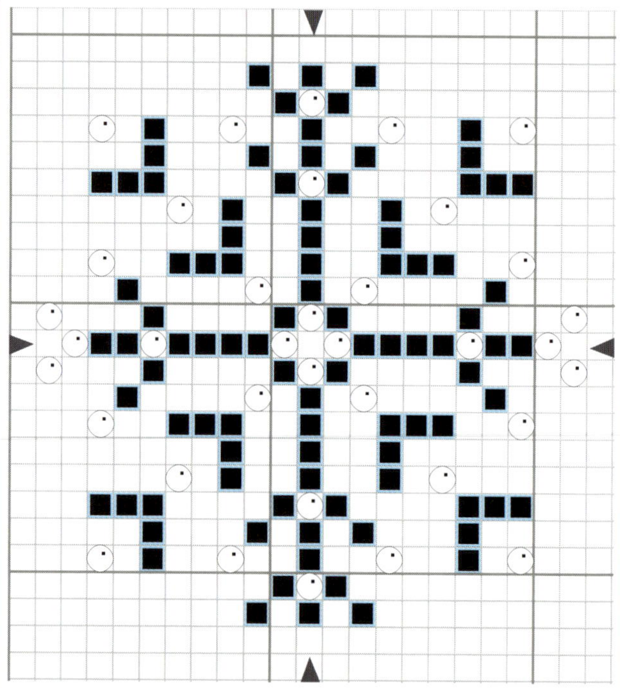

Broder Spécial DMC Art. 107

Blanc

perles blanches

Les edelweiss des neiges

Broderie

141 pts de large x 20 de haut,
soit 22,4 x 3,2 cm

Fournitures

Trousse de toilette en toile de lin,
12 fils/cm (soit 6 pts/cm),
coloris rustique

Mouliné Spécial DMC Art. 117,
1 échevette de chaque coloris :
ficelle 642, beige 644, ocre 680,
rouge 815, vert foncé 3051,
vert 3052, vert anis 3053,
jaune 3821, blanc 3865,
crème 3866

Ces petites fleurs des montagnes, symbole incontournable de l'hiver, agrémentent la poche d'une trousse de toilette en lin. Deux initiales ont été intégrées au motif pour personnaliser l'ouvrage.

Réalisation

Choisir, dans l'alphabet *Lettres anglaises,* deux initiales correspondant aux nom et prénom de la personne à qui sera destiné cet ouvrage. Photocopier les deux lettres retenues et les placer sur le diagramme.

Repérer, sur la trousse de toilette, le centre de la poche. Le marquer à l'aide d'une épingle.

Réaliser la broderie en commençant par l'edelweiss qui se trouve au milieu du diagramme.
Broder ensuite les deux initiales choisies, et terminer la broderie avec les edelweiss situés de chaque côté.

Cerner les motifs des fleurs par un point arrière avec 1 brin de Mouliné Spécial coloris ficelle 642. Ajouter les points de nœud avec 2 brins de Mouliné Spécial coloris ficelle 642 et ocre 680.

Broder le haut de la poche en dessinant des croix rouges, espacées de 6 fils de toile.
Repasser l'envers de l'ouvrage, en glissant la pointe du fer à l'intérieur de la poche.

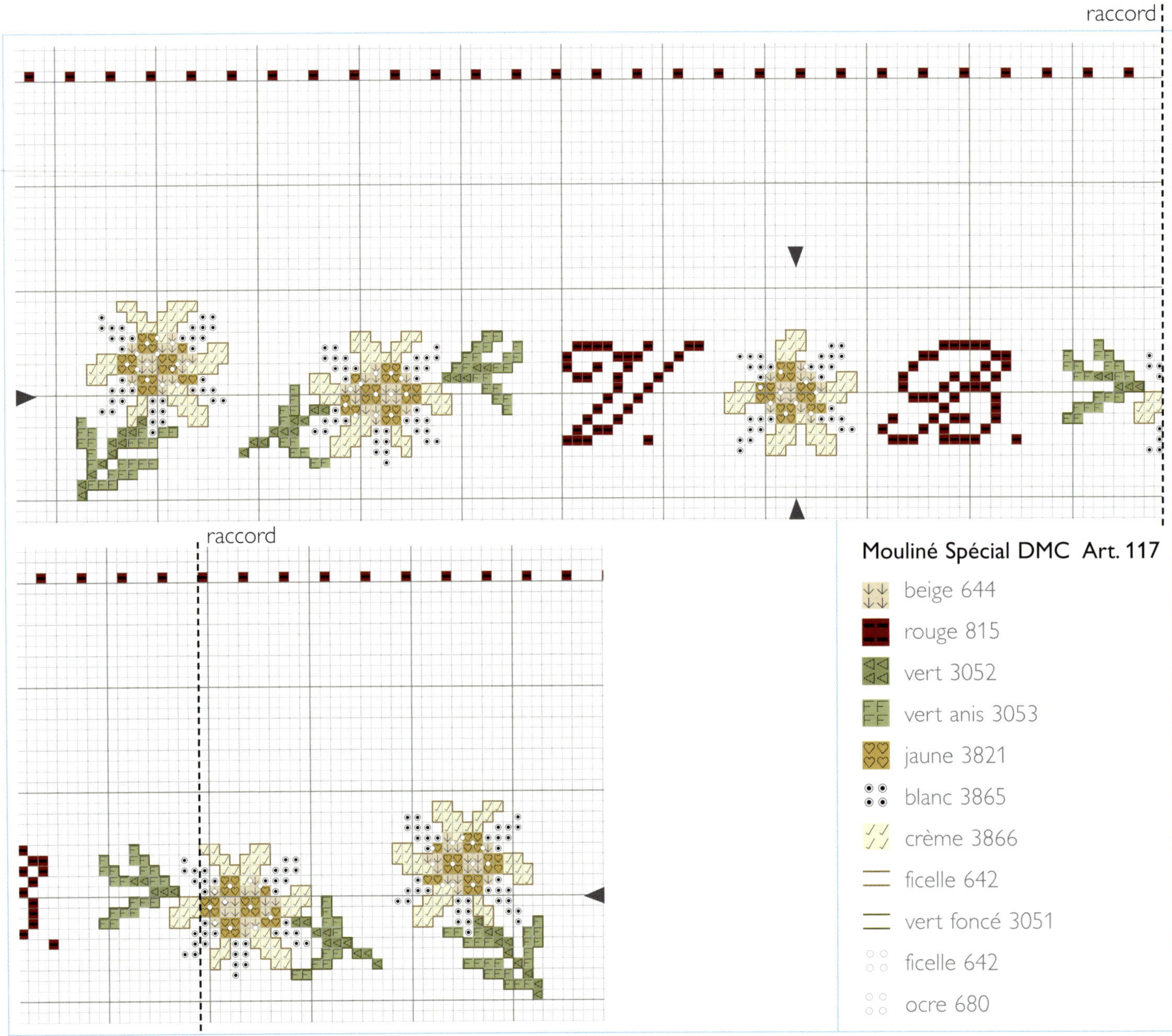

V. B.

Les anges et le Père Noël

Broderie

Les anges
68 pts de large x 41 de haut,
soit 9,6 x 5,8 cm

Le Père Noël
27 pts de large x 65 de haut,
soit 3,8 cm x 9,2 cm

Fournitures

Coupon de toile Aïda 7 pts/cm,
coloris bleu-gris et vert tendre

Mouliné Spécial DMC Art. 117,
1 échevette de chaque coloris :
noir 310, vert clair 369,
gris clair 453, rouge 498,
ficelle 642, blond 746,
bleu ciel 799, bordeaux 815,
bleu-gris 931, chair rosé 950,
bleu pâle 3756, chair 3774,
gris foncé 3799, jaune 3822,
bleu 3841, Blanc

3 petites étoiles en pâte Fimo,
coloris jaune

Fil à coudre DMC tous textiles,
100 % polyester, coloris : blanc,
jaune 4527

Perles de rocaille, coloris blanc
brillant

Fil de lin, coloris écru

Papier bristol, 3 feuilles

Colle pour tissu, pinceau-brosse

Deux anges et un Père Noël ont été brodés puis encollés, pour créer des décorations de fête. De petits personnages plein de charme, à suspendre dans un intérieur douillet ou, pourquoi pas, en pleine nature.

Réalisation

Choisir l'un de ces trois motifs et la toile de couleur correspondante. Plier cette dernière en quatre pour en repérer le centre. Tendre la toile avec soin sur un tambour à broder.

Repérer le centre du diagramme et réaliser la broderie avec 2 brins de Mouliné Spécial. Exécuter les points arrière coloris ficelle 642 avec 1 brin et ceux en coloris bleu 3841, avec 2 brins.

Sur la robe de chaque ange, quelques perles de rocaille sont cousues avec du fil à coudre blanc.

Sur le Père Noël, ce sont trois étoiles jaunes, en pâte Fimo, qui sont fixées avec du fil à coudre jaune.

Encoller l'envers des pièces, placer sur le papier bristol et appuyer soigneusement sur l'ensemble de la broderie. Découper tout autour du motif, à 5 mm de celui-ci.

Coudre un fil de lin (ou de Nylon) pour pouvoir suspendre ces décorations à une fenêtre, au sapin de Noël ou à une branche, dans le jardin.

Mouliné Spécial DMC Art. 117

- noir 310
- WW gris clair 453
- rouge 498
- bordeaux 815
- chair rosé 950
- chair 3774
- gris foncé 3799
- Blanc
- noir 310

Mouliné Spécial DMC Art. 117

- vert clair 369
- blond 746
- bleu ciel 799
- bordeaux 815
- bleu-gris 931
- chair rosé 950
- bleu pâle 3756
- chair 3774
- jaune 3822
- ficelle 642
- bleu 3841
- Blanc

- perles blanches

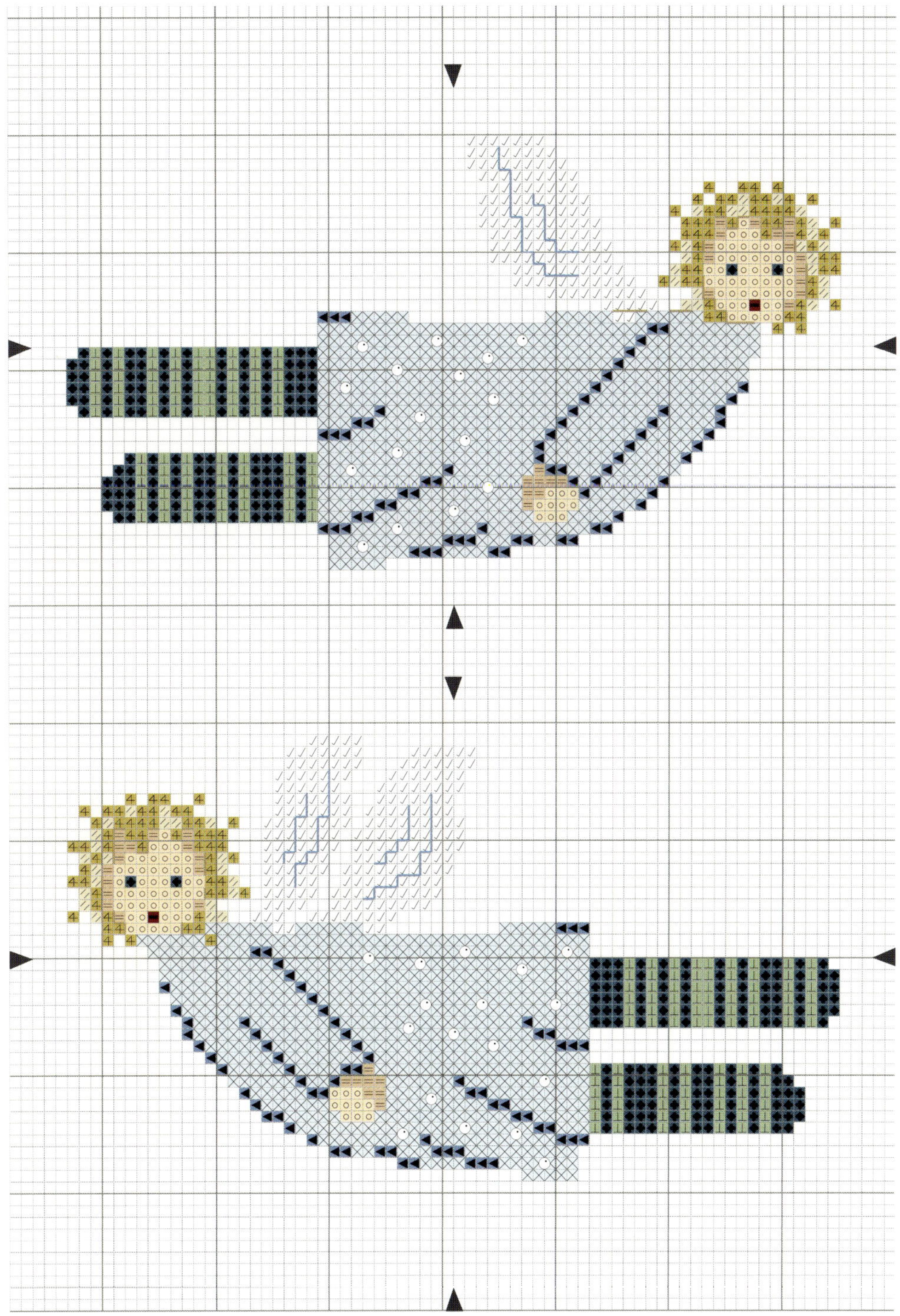

La ronde des violettes

Broderie

93 pts de large × 84 de haut,
soit 16,9 × 15,2 cm

Fournitures

Housse de coussin en toile de lin beige 11 fils/cm (soit 5,5 pts/cm), pour un coussin de 40 × 40 cm

Mouliné Spécial DMC Art. 117,
1 échevette de chaque coloris :
parme 209, violet 327,
violet foncé 550, mauve 553,
orange 742, vert foncé 986,
vert moyen 988, vert clair 989,
vert vif 3348

1,70 m de ruban à broder en 5 mm de large, coloris violet

Aiguille à tapisserie à bout rond n°28, pour enfiler le ruban à broder

Fleur de l'amitié sincère, la violette est brodée ici en une farandole qui s'inscrit dans un cœur sur la housse d'un coussin. Un ruban de teinte violette a été glissé dans le « jour échelle » de l'ourlet pour un rappel de couleur.

Réalisation

Repérer le centre de la housse en la pliant en quatre, y piquer une épingle ou un glisser fil.

À partir du centre du diagramme, compter les points en allant vers le haut. À 19 points du centre se trouve l'extrémité d'une feuille. Commencer la broderie par cette feuille, puis broder les fleurs situées à droite et à gauche, avant de descendre progressivement vers la pointe du cœur ainsi formé.

Enfiler le ruban à broder violet dans l'aiguille à tapisserie et glisser celui-ci dans le « jour échelle » du coussin en

passant entre les fils, dessus puis dessous… Au début du travail, laisser dépasser une extrémité de ruban d'environ 3 cm. Faire tout le tour du coussin sans jamais couper le ruban, puis nouer les deux extrémités.

Mouliné Spécial DMC Art. 117

parme 209	orange 742
violet 327	vert foncé 986
violet foncé 550	vert moyen 988
mauve 553	vert clair 989
	vert vif 3348

Le matériel

Les toiles à broder

La toile Aïda est spécialement conçue pour le point de croix et convient tout à fait aux débutantes. Son tissage est fait de trous bien visibles, qui permettent de guider le passage de l'aiguille et de réaliser ainsi des croix très régulières.

Il en existe de trois sortes : 4 pts/cm (trame épaisse, utilisée pour faire ses tout premiers points) ; 5,5 pts/cm et 7 pts/cm (ces deux dernières étant les plus couramment employées). Lorsque la technique du point de croix est parfaitement maîtrisée sur la toile de 7 pts/cm, il est possible de broder sur des toiles de lin ou sur des toiles de coton, comme la Lugana.

Les toiles de lin, plus fines que la toile Aïda, permettent de réaliser des broderies d'une grande finesse. Chaque point s'exécute, en principe, sur 2 fils de trame.

Le tire-fil

Il en existe de deux sortes : 5 pts/cm (soit 10 fils/cm) et 7 pts/cm. Le premier convient tout à fait aux débutantes ; le second permet de réaliser des broderies très fines, mais demande plus d'expérience.

Cette toile permet de broder au point de croix sur différents supports, tels que : lainage, tissu-éponge, drap, sergé... mais aussi sur des vêtements. Il suffit de bâtir sur le tissu un morceau de tire-fil un peu plus grand que la broderie, en veillant à bien aligner sa trame sur celle du tissu.

Broder ensuite au point de croix sur 2 fils du tire-fil, comme sur de la toile à broder. Lorsque la broderie est terminée, enlever le fil de bâti et ôter les fils soigneusement, un à un, à l'aide d'une pince à épiler.

Le fil à broder

Le Mouliné Spécial DMC est le fil à broder le plus utilisé pour le point de croix. C'est un fil d'une grande qualité, qui se décline dans de nombreux coloris garantis grand teint, tant à la lumière qu'au lavage.

Ce fil est divisible en 6 brins. Pour le point de croix, on utilise en général 2 brins. Lorsque la toile présente une trame plus épaisse, on peut broder avec 3 brins pour un meilleur remplissage des surfaces. Préparer une aiguillée en choisissant une longueur de fil de 40 à 50 cm, au maximum. Une aiguillée de 40 cm est suffisante ; elle permet de broder avec plus d'aisance et évite l'usure du fil. Séparer ensuite les brins et prélever le nombre de brins nécessaires en tirant doucement.

L'aiguille

Pour broder sur de la toile Aïda, de la toile de coton ou de la toile de lin, choisir une aiguille à tapisserie sans pointe, à bout rond. Les aiguilles les plus couramment utilisées pour le point de croix sont la n° 24 et la n° 26. Sur une toile plus fine, à tissage très serré, choisir une aiguille à broder n° 8 à bout pointu pour ne pas marquer le tissu.

Les ciseaux

Choisir des petits ciseaux pointus bien aiguisés, strictement réservés au travail de broderie. Pour la coupe des étoffes, il est préférable d'utiliser une paire de ciseaux de taille moyenne, adaptée aux travaux de couture.

Le tambour à broder

L'usage du tambour est très important. Il apporte un confort indéniable durant le travail et surtout permet de réaliser une broderie impeccable, avec des croix bien régulières et d'une tension égale. Il contraint à broder en passant la main alternativement sur et sous la broderie ; cela présente néanmoins l'avantage de ne pas trop avoir

à tirer le fil à broder et donc de ne pas déformer la toile. Il existe plusieurs tailles de tambour, allant de 10 cm à 30 cm de diamètre. Choisir un modèle adapté aux dimensions de la broderie, en prévoyant une marge de 5 cm au minimum tout autour du motif.
Le tambour à broder est fait de deux anneaux en bois ; le plus grand, nommé « cercle supérieur », est muni d'un fermoir à vis. La toile à broder est maintenue entre les deux cercles. Tout en tirant la toile sur son pourtour, serrer doucement la vis jusqu'à obtenir une surface de toile bien tendue.
Veiller à ce que la trame de votre tissu soit bien droite ; corriger si nécessaire en tirant un peu plus d'un côté ou d'un autre. Lorsque la toile est bien en place, serrer la vis au maximum à l'aide d'un tournevis – une encoche est prévue à cet effet. Ainsi votre toile ne se déformera pas durant la réalisation de la broderie.
Il est tout à fait possible, néanmoins, de broder sans tambour. Il faut alors prendre soin de ne pas trop tirer le fil ; sinon les points seront irréguliers, déformés, et le résultat ne sera que moyennement satisfaisant.

Le diagramme

Chaque petit carré du diagramme (ou grille) correspond à un point de croix.
Le diagramme peut être en couleurs, en symboles noirs sur blanc ou en couleurs avec symboles noirs. On retrouve ces mêmes symboles dans les légendes de couleurs qui jouxtent les grilles, chaque symbole correspondant à un coloris de fil à broder.
De manière générale, on commence une broderie par les points qui se trouvent au milieu du modèle. C'est pourquoi la première tâche consiste à repérer le centre de la toile ou de l'ouvrage, puis celui du diagramme, qui est indiqué par des flèches sur l'axe horizontal et sur l'axe vertical autour des motifs.

L'entretien

Le lavage

Si l'ouvrage doit être lavé, choisir une lessive liquide pour couleurs, sans azurants optiques et spéciale tissus délicats. Il est préférable de laver les broderies à la main. Laver à l'eau tiède, immerger délicatement l'ouvrage sans le froisser pour éviter de marbrer le tissu. Si l'eau se colore, continuer le lavage et rincer plusieurs fois jusqu'à ce que l'eau soit parfaitement claire.
Pour les nappes, les parures de lit et tous les ouvrages de grandes dimensions, laver séparément en machine. Régler sur la position « délicat » pour ne pas dépasser une température de 30 degrés. Si une tache ne disparaît pas après plusieurs lavages, utiliser de l'eau de Javel diluée à raison d'une cuillerée à café de Javel par litre d'eau.

Le séchage

Éviter de laisser une broderie mouillée. Après le lavage, rouler l'ouvrage brodé dans une serviette de toilette en tissu-éponge et presser doucement. Renouveler l'opération jusqu'à extraire le maximum d'eau, puis laisser sécher la broderie ou l'ouvrage à plat.

Le repassage

Repasser sur l'envers de la broderie, de préférence encore légèrement humide, en réglant le fer à la température conseillée pour le tissu. Éviter la vapeur sur le motif brodé. S'il n'est pas possible de repasser le tissu brodé sur l'envers, placer deux épaisseurs de papier de soie blanc entre la broderie et le fer. Cette opération permettra de ne pas lustrer la broderie et de ne pas écraser les points, qui conserveront ainsi tout leur relief.

Le point de croix pas à pas

Les différentes étapes

Prévoir un coupon de toile toujours plus grand que la broderie, de façon à laisser une marge tout autour. Cette marge servira aux travaux d'encadrement, aux finitions ou à la réalisation des coutures de l'ouvrage.

Surfiler les bords de la toile, à la main ou à la machine, pour arrêter les fils et éviter que la toile ne s'effiloche.

Chaque broderie se commence par son milieu. Repérer le centre de l'ouvrage en pliant la toile en quatre. Marquer les plis en piquant une épingle ou avec un fil.

Tendre soigneusement la toile sur un tambour à broder.

Préparer une aiguillée avec 2 brins de Mouliné Spécial, ne pas faire de nœud. Sur l'envers de la toile, commencer le travail en maintenant le fil sous quelques points de broderie.

Sortir l'aiguille par le bas gauche du premier point et piquer en diagonale vers le haut. Continuer vers la droite et ainsi de suite (figure 1).

Revenir vers la gauche en passant le fil du bas droit vers le haut gauche de chacun des points (figure 2). Broder par rangée de points et de couleurs.

Terminer l'aiguillée en glissant l'aiguille sous les trois derniers points brodés.

Pour une broderie impeccable, toujours croiser les fils dans le même sens afin de lui donner un aspect régulier.

Figure 1

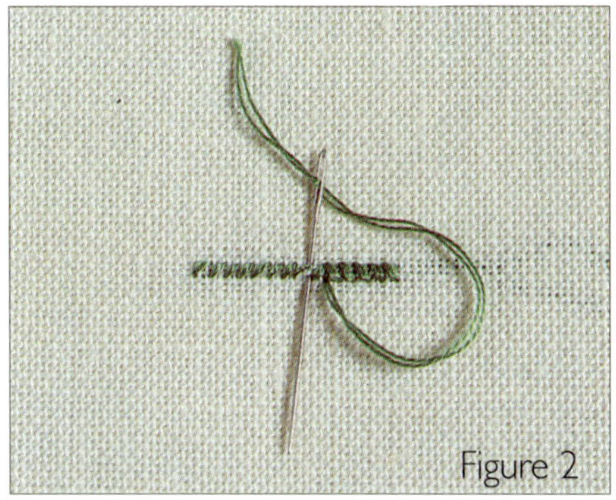
Figure 2

Le point de croix avec du tire-fil

Bâtir sur le tissu un morceau de tire-fil plus grand que le motif à broder. **Prendre soin** de bien aligner les fils de chaîne et de trame du tire-fil sur ceux du tissu lorsqu'il s'agit d'une toile dont la trame est visible – à moins que la broderie ne soit volontairement placée dans le biais du tissu (figure 3).

Réaliser la broderie au point de croix de manière habituelle, mais sur 2 fils du tire-fil au lieu de 2 fils de toile. Quand la broderie est terminée, défaire le fil du bâti puis enlever soigneusement les fils un à un à l'aide d'une pince à épiler.

Si le choix de la toile se porte sur une toile Aïda plutôt que sur une toile de lin, et inversement, il faudra procéder au calcul suivant pour obtenir les dimensions de la broderie :

Figure 3

$$\frac{\text{nombre de points du motif sur la largeur}}{\text{nombre de pts/cm de la toile choisie}} = \text{la largeur du motif en centimètres}$$

Exemple :

$$\frac{\text{86 pts de large}}{\text{toile Aïda 5,5 pts / cm}} = \text{15,6 cm de largeur}$$

Faire le même calcul pour obtenir la hauteur en centimètres.

Quelques points de broderie

Point de nœud : pour les yeux des animaux et des petits personnages.

Point de feston : pour les boutonnières.

Point avant : pour appliquer une toile brodée sur un tissu.

Point arrière : pour cerner les contours des motifs.

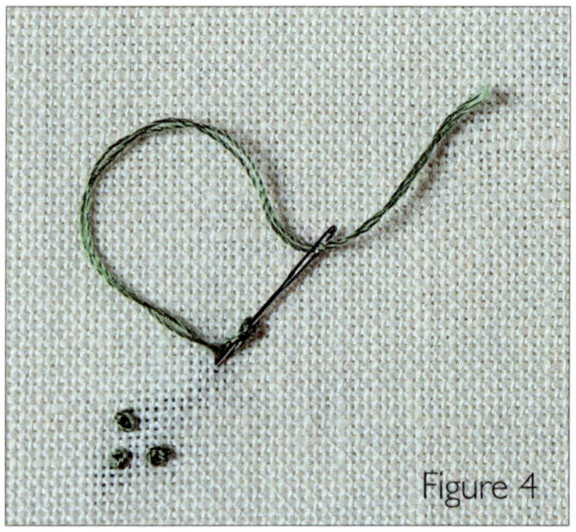

Figure 4

Le point de nœud

Sortir l'aiguille à l'endroit voulu, enrouler deux fois le fil à broder autour, maintenir le fil avec le pouce de l'autre main, puis piquer l'aiguille dans la toile au même endroit. Tirer doucement sur le fil (figure 4).

Le point de feston

Faire un point avant* sur le tracé de la boutonnière, puis commencer le point de feston à l'extrémité gauche. Sortir l'aiguille, piquer au-dessus en décalant légèrement la pointe de l'aiguille vers la droite. Ne pas tirer complètement le fil, mais laisser une petite boucle. Ressortir l'aiguille sur l'endroit, en bas de cette boucle. Continuer à broder ainsi, en suivant le tour intérieur de la boutonnière à l'aide de points rapprochés. Lorsque le tour est terminé, couper bien soigneusement le tissu à l'intérieur de la boutonnière, au ras du point de feston (figure 5).

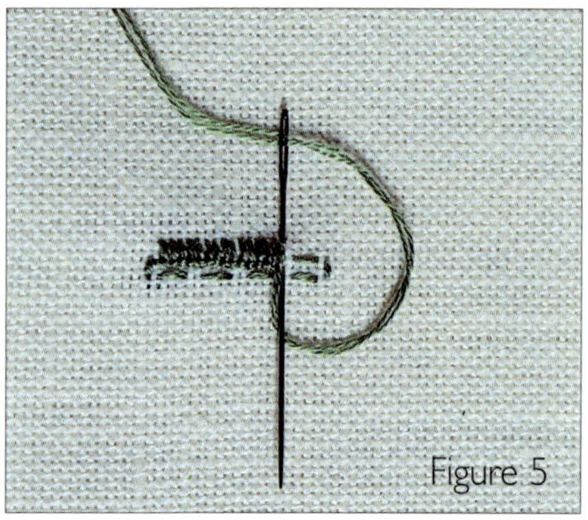

Figure 5

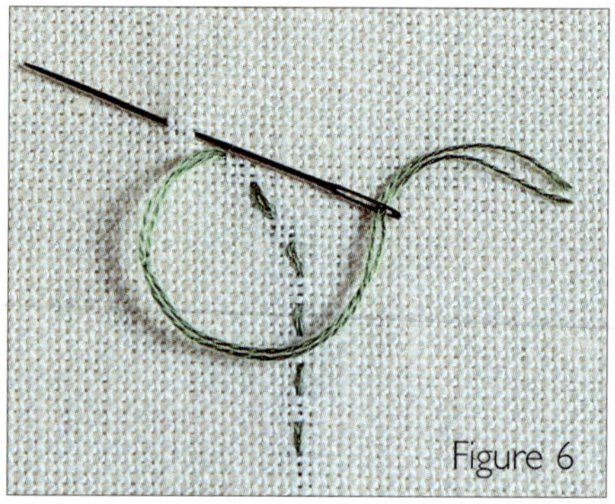

Figure 6

Le point avant

Sortir l'aiguille, faire un point lancé, piquer dans la toile, puis ressortir l'aiguille un peu plus loin. Suivre le dessin du motif à broder (figure 6)*.

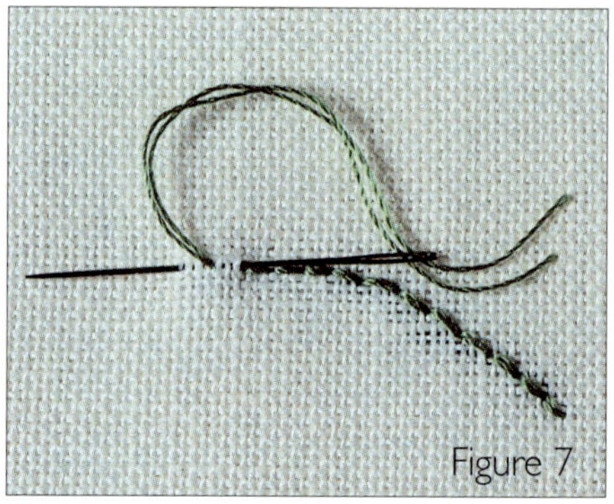

Figure 7

Le point arrière

Sortir l'aiguille sur l'endroit, piquer en revenant en arrière et faire ressortir l'aiguille un peu plus loin vers l'avant. Pour un résultat régulier, il est important de broder des points de même longueur (figure 7).

Les alphabets

Alphabet simple

Grandes Lettres anglaises

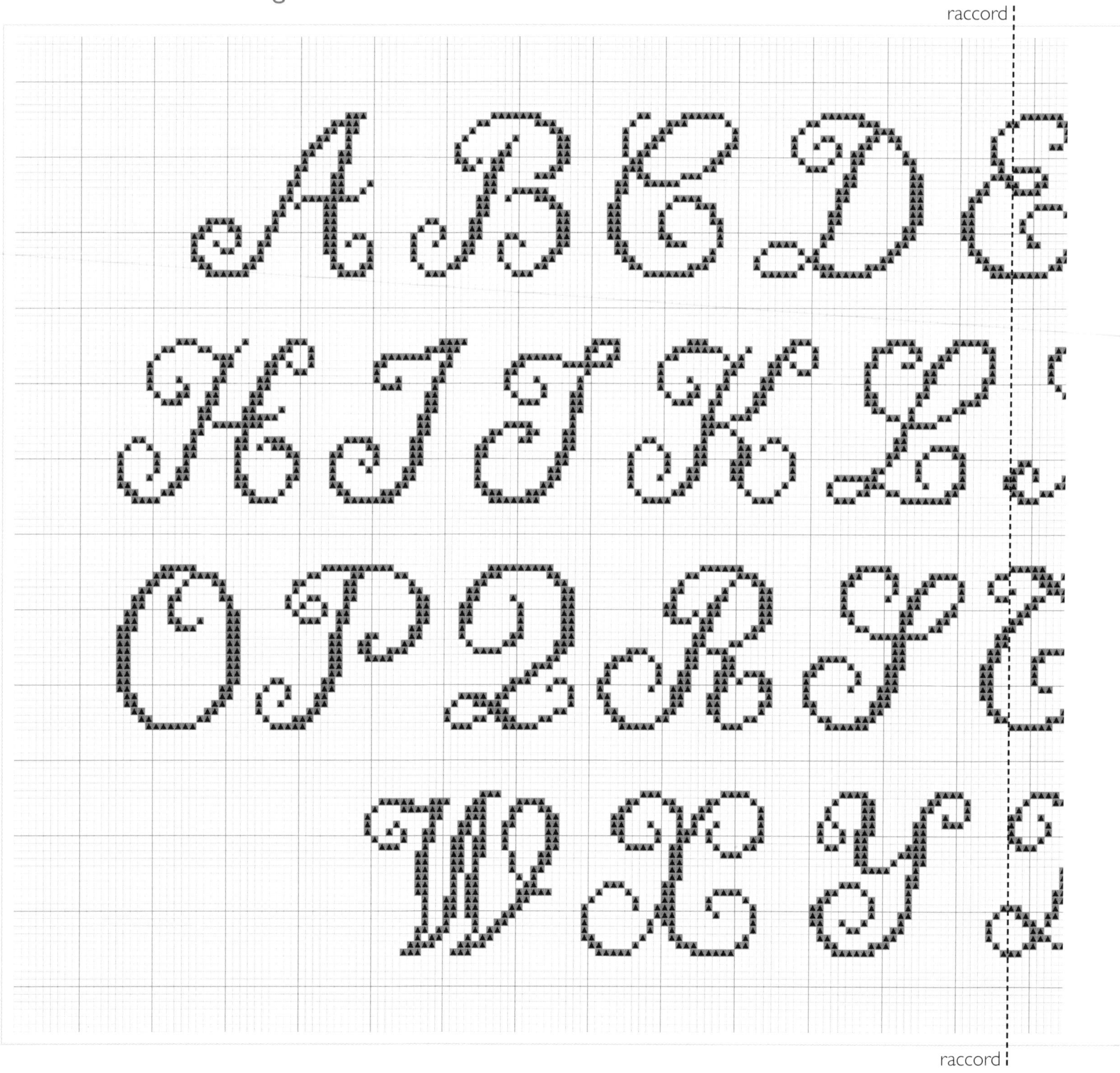

raccord

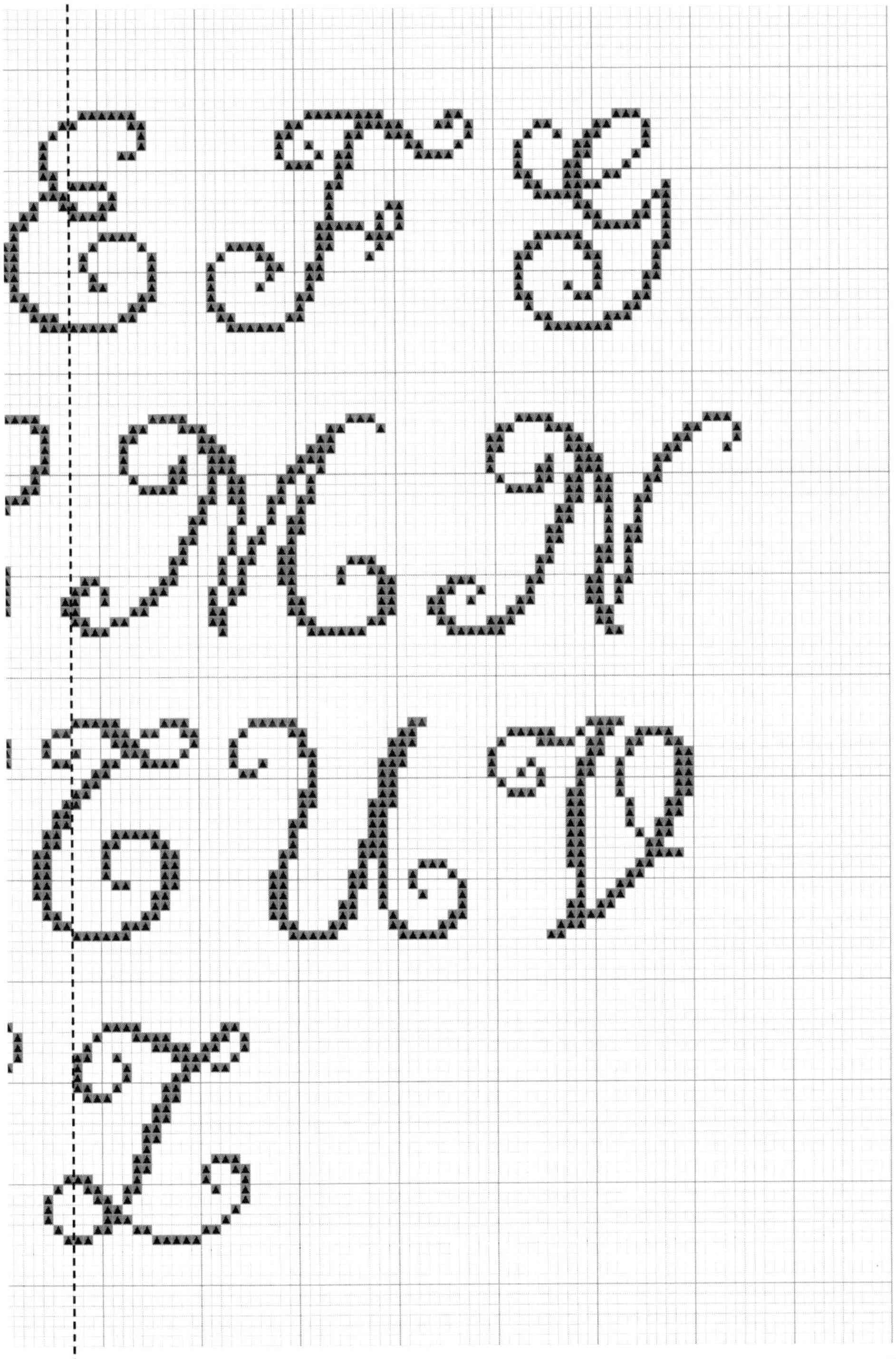

raccord

Cet alphabet a servi de modèle pour l'ouvrage de la page 17, **L'oiseau enchanteur.**

Lettres anglaises

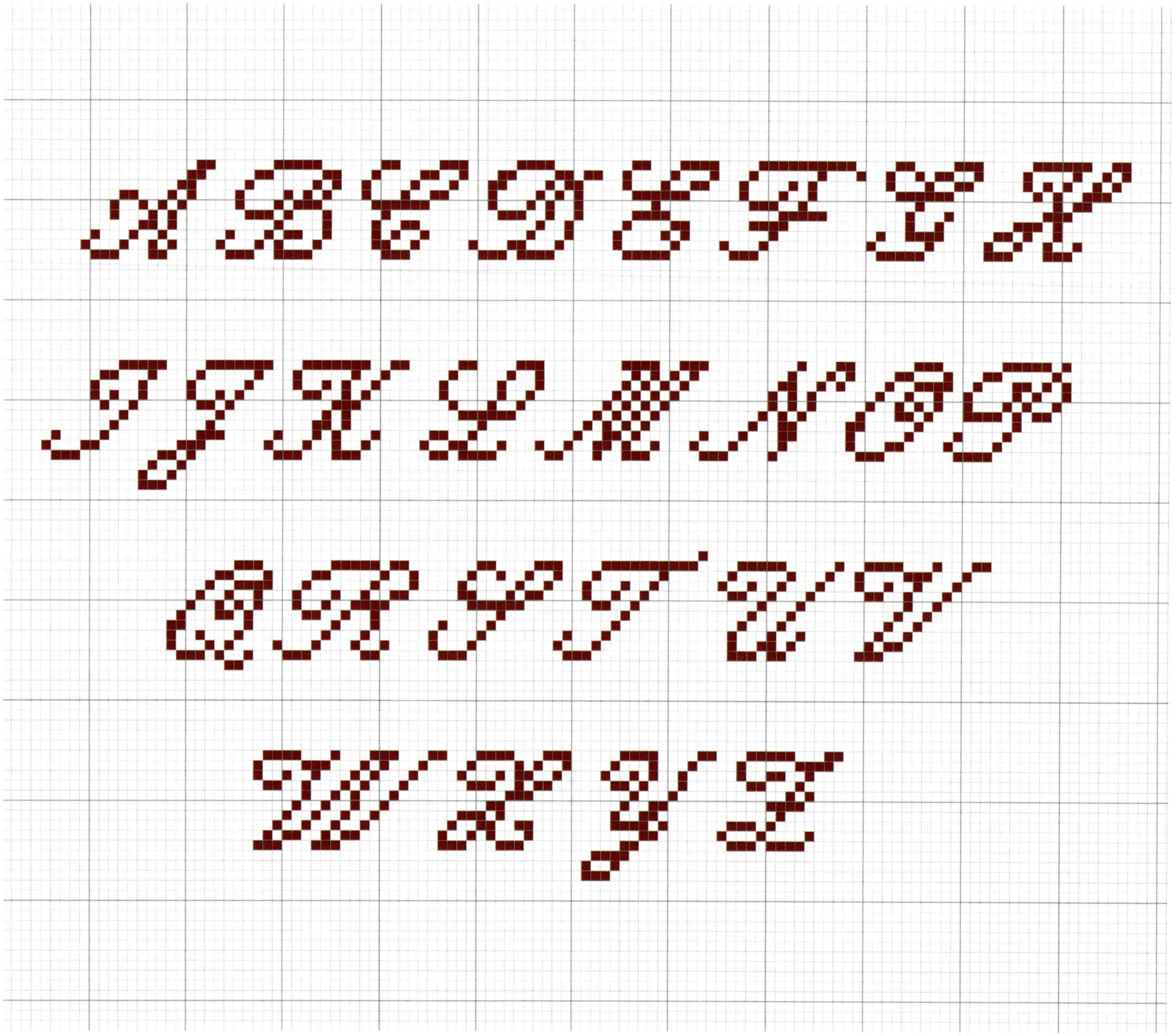

Cet alphabet a servi de modèle pour l'ouvrage de la page 79,
Les edelweiss des neiges.

Remerciements de l'auteur

Tous mes remerciements à :
Dominique Turbé et Florent de la Tullaye, pour la créativité du stylisme d'ambiance et la qualité des photographies ;
Josette Maillotte, Ilse Caffarel, Françoise Cavanna et Pierrette Drapiewski du club Marquoirs en Essonne, pour l'exécution des broderies ;
Claude Duchemin de la boutique Le Cœur à l'Ouvrage, pour sa gentillesse et sa serviabilité à l'occasion de la réalisation du cadre en bois ;
Véronique Imbault, pour son aide précieuse, Guylaine Moi, pour la conception de sa maquette ;
Laure Flavigny, Suyapa Audigier et Sylvia Metz des éditions Solar, pour leur accueil chaleureux et leur confiance ;
ainsi que toutes les personnes qui ont, de près ou de loin, contribué à la réalisation de cet ouvrage.

Adresses

L'auteur et la styliste remercient les sociétés suivantes pour avoir généreusement mis à leur disposition les fournitures et accessoires nécessaires à la réalisation des ouvrages et des photographies de ce livre.

ALICE CRÉATIONS
14, rue Monfoulon, 44000 Nantes
Catalogue de vente par correspondance
Tél. 02 40 74 08 40
Pour la bourse verte
réf. ENF-117 lin/ver (page 17),
le petit cartable
réf. ENF-116 lin/rus (page 49)
et la trousse de toilette
réf. NAT-104 lin/ecr (page 79)

LE CŒUR À L'OUVRAGE
45, rue de la Paroisse, 78000 Versailles
Tél. 01 30 21 80 74
Pour la confection sur mesure du cadre en bois *(page 29)*

DMC
Service consommateurs
13, rue de Pfastatt, 68057 Mulhouse
Tél. 03 89 32 45 28
Catalogue à consulter en mercerie
Pour les toiles, les fils à broder et les fils à coudre,
la serviette de toilette *(page 9),*
le gant de toilette *(page 9),*
les chaussons de bébé *(page 13)*
et l'ourson à broder *(page 13)*

ENTRÉE DES FOURNISSEURS
8, rue des Francs-Bourgeois, 75003 Paris
Vente par correspondance
Tél. 01 48 87 58 98
Pour les rubans, le gros-grain, le croquet, les boutons, les perles et les flocons en plastique nacré *(page 75)*

LAURENCE ROQUE
LE COMPTOIR DES OUVRAGES
69, rue Saint-Martin, 75004 Paris
Vente par correspondance
Tél. 01 42 72 22 12
Pour le tablier de cuisine *(page 37),*
le torchon de cuisine *réf. 166 (page 57)*
et le tire-fil *de 7 pts/cm*

LA LICORNE DES ILES
6 *bis*, rue de la Chapelle-de-Chiloup,
72210 Malicorne
Catalogue de vente par correspondance
Tél. 02 41 95 85 57
Site Internet : www.licorne-des-iles.com
Pour le set de table *réf. STC01 (page 41),*
la serviette de table *réf. SC02 (page 41)*
et le coussin *réf. LDC01 (page 85)*

MOKUBA
18, rue Montmartre, 75001 Paris
Tél. 01 40 13 81 41
Pour le ruban en voile *de coton blanc (page 33)*
et la cordelette fantaisie *(page 53)*

PRYM
Articles disponibles dans les merceries
Service consommateurs
Tél. 02 32 47 31 73
Pour les fournitures diverses
(aiguilles, feutre, crayon à transfert, paires de ciseaux à broder et à coudre)

Les fournitures DMC sont disponibles dans les merceries, les grands magasins et les magasins Loisirs & Création.

Pour connaître le nom des distributeurs des produits DMC dans la région où l'on habite, écrire à :

DMC, Service consommateurs,
13, rue de Pfastatt, 68057 Mulhouse,
ou téléphoner au 03 89 32 45 28